先進事例でよくわかる

議会事務局はここまでできる！

髙沖秀宣 [編著]

議会事務局研究会 [著]

学陽書房

はしがき

　本書は、筆者が代表を務める議会事務局研究会の各メンバーが、自らの経験や研究成果をもとに、議会事務局の仕事と役割、そして喫緊の課題である議会事務局改革について様々な事例を踏まえながら、同様の課題に直面している自治体の関係者の方々に向けて課題解決の糸口や事例詳解を試みたものである。

　個々の項目解説に当たっては、冒頭にQ＆Aという表現を用いて自治体現場において共通するであろう課題と対応を明確にし、それに続く解説において課題解決のヒントとなる事例や実際の対応例をできる限り詳細に説明することとした。

　議会事務局職員の中には、自らの議会の改革に対して事務局としてどのように対処すべきかを真剣に考え、あるいは当面する難題の解決に苦慮されておられる方も多いと思われるが、そうした方々に対して、改革の方向性や対処方法を考える上での処方箋になることを願って1冊の本にまとめたものである。

　地方議会改革が語られるようになって久しい。
　この間、数次の地方自治法改正や各議会の自主的な取組みによって、議会改革は、次第に進展してきたといえる。各議会は、何らかの形で改革を実行し、その努力によって一定の成果が挙がっているが、政策形成機能の強化や住民との関係については課題も多くあるところである。改革の進展にもかかわらず、住民の議会をみる目は相変わらず厳しいものがある。また、小規模自治体議会の議員のなり手不足という深刻な問題も顕在化しているが、今後の議会制度のあり方について明確な方向性が打ち出されてはいない。
　そうした状況の中で、議会改革において近時認識されてきたのは、議会事務局の充実の必要性である。もちろん、これまでも議会事務局の充実強化は議会改革の課題の一つとして扱われてきたのであるが、現実には、議会事務局への関心は極めてうすいものであったといわざるを得な

い。しかし改革課題を克服するためには、どうしても議会事務局のサポートが必要なのである。つまり、議会の改革は決して議員のみで実現できるものではなく、議会事務局の協力・支援が不可欠なことが共通の認識となってきたのである。

　議会事務局研究会は、議会事務局がどうしたら議会改革に寄与でき、その力を発揮することができるかを検討するために、2009年に立ち上げ、議会関係者に会員になってもらって活動を開始した。現在、会員は60人を超え、しかも全国に及んでいる。研究会の活動の成果は、二つの報告書にまとめられている。また、折に触れてシンポジウムを開催するなど、活動の情報発信にも努めてきた。最近では、我々の研究会以外にも、議会事務局に関する研究会も結成されるようになった。こうした動きは、事務局職員自身が改革に関わっていくべき必要性を自覚しはじめたためであろう。

　我々の研究会の特徴は、議会事務局研究会という名称にしているが、事務局職員（執行機関に異動した職員を含む）のみならず、地方議員や首長および研究者も名を連ねていることであろう。このため、広い視野で議論を交わすことができる強みがあり（実際に研究会では立場を超えて出席者が自由闊達に意見交換を行っている）、こうしたことが本研究会の活発な活動を支えていると思われるし、会員間でなされる様々な情報交換・共有が本研究会の大きな財産となっている。

　本書は、本研究会会員の研究活動の一端をまとめたものであるが、議会事務局職員のみならず、議会関係者や議会に関心を持つ住民の方々にも役立つ内容である、と自負している。

　本書が議会事務局のステータスを高めて議会改革をもう一歩すすめるための一助になることを切望するものである。

2016年6月

議会事務局研究会代表
駒林　良則

もくじ

先進事例でよくわかる 議会事務局はここまでできる！

はしがき …………………………………………………………………… ii

第1部　先進事例でわかる！　議会事務局の仕事と役割

第1章　議員と事務局との協働

1　議員と事務局、改革マインドをどう共有するか ………… 2
2　議員・事務局の気付きを促すプロセスのつくり方 ……… 6
3　審議を充実させる法務支援を増強できないか ………… 11
4　事務局に必要な「どうすればできるか」の発想とは ………… 16

第2章　審査・政策立案の技術を向上させる

5　意思決定プロセスをどのように公開していくか ………… 21
6　政務活動費の使い方をどのように考えるか …………… 26
7　政策立案能力を向上させるための文献調査方法とは ……… 31
8　機動的で機能的な委員会活動をどう展開するか ………… 36

第3章　議会改革をさらに進化させる

9　「先例・標準・横並び」から脱するために現状をどう見るか … 41
10　現状にとらわれない改革レベルに引き上げるために ……… 46

	11	議会と首長の適度な距離感と議会事務局の役割 …………… 51
事例研究		長崎県議会における通年議会の廃止 ……………… 56

第2部 ここまでできる！　議会事務局の役割

第1章　議会事務局と職員のこれからの姿

1	いまなぜ議会事務局の改革が必要なのか ………………………… 62
2	議会と事務局に課せられた役割とは何か ………………………… 67
3	議会事務局の人事権を確立できないか ……………………………… 70
4	議長の人事権を強化するための方法はあるか ……………………… 77
5	議会事務局の予算をもっと柔軟に運用できないか ………… 81
6	議会事務局は執行部からどのように見えるのか ……………… 88
7	住民と議会を連携させる議会事務局になるには ……………… 94
8	住民との窓口対応をもっと工夫できないか…………………… 101

第2章　議会事務局職員の自信と実行力

- 9　議会事務局職員の意識改革の工夫とは……………………105
- 10　事務局のチーム力を機能させるための取組みとは………110
- column 1　住民のための議会事務局をつくるネットワーク……120

- 11　議会事務局のミッションとは何か……………………………122
- column 2　議会事務局への異動は最大のチャンス………………134

第3章　議員から見た議会事務局の可能性

- 12　市民と議会を結ぶために議会事務局にできることとは……136
- 13「車の両輪」となるために議会事務局に望むものとは………144
- column 3　首長の不機嫌と議員の不可解…………………………150

第3部 政治制度の視角から見えてくる地方議会と議会事務局の役割

はじめに……………………………………………………………154
1　政治制度の視角から見えてくる「二元代表制」と「地方議会」…154
2　「二元代表制」の下での「地方議会」の機能強化……………157
おわりに―議会事務局に求められる役割―……………………163

あとがき……………………………………………………………165

編集後記……………………………………………………………167

第1部

先進事例でわかる！
議会事務局の仕事と役割

1 議員と事務局、改革マインドをどう共有するか

Q これまで議会改革の取組みを行ってきたが、今後議会改革をさらに発展させるために、議会事務局の機能強化が重要であると思われる。そのために、どのようなことに留意すればよいか。

A 今後の議会改革の発展には、住民との関係強化が不可欠である。そのためには議会事務局が議員とともに改革の主体であることを認識すべきである。こうした改革マインドの共有性が改革継続への基盤となろう。

解説 ▶▶▶

　筆者には議会の現場経験はないが、議会事務局研究会の結成前後から、議会での講演や研修の講師として活動するようになって議員に接する機会が増え、事務局職員の方々とも意見交換ができ、議会の実情をうかがい知ることができるようになった。

　その経験からいえることは、議員と事務局職員の関係がうまく機能している議会もあれば、両者の関係が表面的なものでしかないと感じる議会もあるが、いずれにしても、自らの議会のあり様が当然と考えたり、他の議会もおおむね同様であろうと思い込んだりしているようである。

1 議会に共通する「思い込み」

　こうした「思い込み」があることを確認できたこと自体、有意義である。ともあれ、両者の関係が各議会によってかなりの違いがあることを踏まえて、両者の関係から生じる様々な問題とその対処方法について会員間で情報を共有することが本研究会の存在意義といえるかもしれな

い。

2 一番必要なのは「閉じた空間」からの脱却

　ところで、一般の住民からみれば、少し前までの議会は「閉じた」存在に映っていたに違いない。筆者が以前に実見した議会のあり様は、誤解を恐れずにいえば、住民と対峙しているような印象すらあった。当時の議会事務局は、議会が住民に対して「閉じた」存在とみられていることに何ら顧慮することがなかったといえる。

　議会内の様々な改革が一段落した今、今後の改革の方向性は、「閉じた空間」としての議会からの完全な脱却であろう。このための取組み、例えば、積極的な議会情報の開示や議会報告会の実施なども進んでいるが、これに対する住民の反応は期待されたほどではない、というのが実情である。

　しかし、これまで住民との関係の構築を議会側が疎かにしてきたのであるから、すぐに結果を出すこと自体に無理があり、辛抱強く取り組んでいくことが肝要であろう。なお、取組みの結果、住民との距離がどの程度縮まったのかを定期的な住民アンケートを実施するなどして検証することも必要である。こうした取組みについて議会事務局は議員任せであってはならない。事務局としてもできることは多いと思う。

3 改革継続には事務局にも責任がある

　今後、議会改革を進めていく前提として、議員と事務局（職員）との間で「改革マインド」を共有することが必要ではないだろうか。

　統一地方選挙で議員が入れ替わり、議会改革を牽引してきた議員が辞めるなどして改革が頓挫したり停滞したりすることも考えられる。そこで、そうした事態を防ぎ改革の灯を絶やさないために、事務局（職員）にもこれまで醸成されてきた改革マインドをしっかりと受けとめることが要請される。

そうすることで、特に新人議員に対して、事務局から改革マインドを伝えることもでき、議会改革が継続発展することにつながるであろう。
　本研究会では、議員と事務局（職員）がいわば「車の両輪」となって議会改革を推進していくべきである、と提唱してきた。また、改革における議員と事務局の協働論や「チーム議会」という意識で取り組むべきとの主張もなされている。
　これらの主張に対しては、議員だけでなく、事務局職員にも抵抗感があると思われるし、また、現実的ではないとの声もあるだろう。しかし、改革マインドを議員と事務局（職員）とで共有することについては異論のないところであろう。

4　事務局長の指導力がカギになる

　改革マインドを共有するためには、議員と事務局職員の良好な関係を構築することが必要であるが、そのためには、議員と職員双方の意識改革が不可欠であることも本研究会では訴えてきた。双方の立場と意識の違いを相互に理解し合うことが意識改革の端緒となるであろう。
　人事異動で執行部局から議会事務局に就いた職員の多くは、議員との関係で戸惑いを感じるであろうし、改善すべき問題に気付いたとしても、次第にその現状に慣れてしまい、改善をあきらめてしまうことも少なくないだろう。こうした「あきらめ」が、職員の持っている能力の発揮を阻害する方向に作用していないだろうか。
　「あきらめ」るのではなく、問題を改善する方向へ職員の意欲を持たせるようにするためには、議会事務局長の決断力とリーダーシップに頼らざるを得ない。つまり、職員の改善への意欲を事務局長が汲み取り、そしてそれを議長に伝えて改善に向けた対応をとることができれば、職員の改革への意識は前進するだろう。
　議会改革における議会事務局の充実強化の必要性それ自体は目新しくはない。少人数の議会事務局体制だから何もできないと逃げてはいられないし、現に少人数でも成果を出している事務局もある。真の事務局の

充実強化を達成したいのであれば、事なかれ主義の事務局長はいらない。

　議員と事務局が車の両輪となって改革を推進すべきであると述べたが、この成否は、議長と事務局長が呼吸を合わせることで当該議会が一体となって改革に取り組む姿勢を──執行部局や住民に対して──示すことができるかどうかにかかっているように思う。

5 基本条例の制定が事務局の意識も変える

　最後に、議会改革の今後についての筆者の思いを述べておきたい。

　議会改革に積極的な議会を別にすれば、これまで議会の現場にいる議員や事務局職員からの情報発信が少なかったために、議会が「閉じている」という印象は拭えなかった。

　しかし、近時の動向である議会基本条例の制定は、各議会が自らの議会のあり方を考える契機になるであろうし、そうした議会の動きを住民に発信するだけでなく、自らに適した議会運営を考える機会になったのではないだろうか。もしそうであるならば、この動きは、これまでかなり画一的であった議会運営からそれぞれの議会の独自の運営方法を模索することにつながるように思われる。

　そうした独自の議会運営が実現すれば、多くの議会がいまだに抱いているであろう議会改革の客体としての意識、すなわち「やらされ感」から脱して、議会改革の主体としての意識へ転換したことになるだろう。

　議会改革の主体としての意識を議員と議会事務局職員が共有できれば、議会改革は次のステップに進むことができるのではないだろうか。

（文責：代表・立命館大学教授　駒林良則）

2 議員・事務局の気付きを促すプロセスのつくり方

Q 小規模な自治体議会において、議会事務局が議員とタッグを組まず、議長と相談して行政と交渉した結果を議員全員に報告しないことが当たり前のような議会が存在する。このような議会では、どのように議会改革を行っていけばよいか？

A 議会改革とは、自ら気付き、自ら行動を変えるためのプロセスであるから、議員と議会事務局職員の意識を変えていくことが必要であり、そのためには議会と事務局にファシリテーターが必要であると考えられる。

解説 ▶▶▶

　筆者は議員になって5年目を迎えた。2期目になり、委員長を務めて議会をまとめる役割を担うようにもなった。今期は議会運営委員会委員長、議会改革特別委員会委員長を務めている。

1 委員長になり愕然としたこと

　委員長になって気付いたことがある。例えば、次のようなことである。
　委員長の方針がほぼ委員会の方針になってしまうということ。
　すべてシナリオが用意されており、誰でも委員長ができるようになっていること。
　議会事務局が行っている行政との交渉ごとがなぜか議会運営委員会にすら報告されていないこと。
　議会の予算要求を議会としてチェックすることがなされていないこと。

議長と委員長の相談で物事が決まってしまい、その他の議員は何が起きているのかわからないままということすらある。
　国会のように衆参両院合わせて700人を超える議員がおり、ある程度の期数を重ねなければ政党や議会の中での意思決定に加われないというのであればまだ納得できる。しかし、宇陀市議会は14名の議員しかおらず、委員会は7名の議員で構成される。会派制度も導入されていないため、会派を通じた意見集約や調整を行うこともできない。
　したがって、議長が運営方針を決めるときは議会運営委員会に諮る必要があると思われるし、必要があれば全員協議会を開くことも求められる。愕然（がくぜん）としたのは議会事務局が議員とタッグを組むべきだという意識をまったく持っていないと気付いたときだった。
　筆者は議員になる前、市議会は一部の役職を持っている方々が調整をして、正式な会議ではすでに結論が出てしまっているのではないかと仮説を立てていた。議員に初当選した直後は、まさにその通りであった。
　しかし、2度の選挙を経て市議会は定数が22名から14名まで削り込まれた。期数を重ねた議員は軒並み引退し、今は1期目の議員が議席の6割を占めている。もはや過去によくみられた期数を重ねた議員による調整は成り立たない状況なのだ。筆者はこのような状況の中で議会運営委員長と議会改革委員長に就任した。
　議会改革とは決して、基本条例、反問権、自由討議、議会報告会の4点セットを導入することではない。残念だが形骸化が進んでしまっている地方議会を文字通り立て直すプロセスのことでなければならないのだ。
　かくいう筆者も、以前は日本経済新聞と早稲田大学マニフェスト研究所が発表している議会改革度ランキングに一喜一憂していた。議会改革の目標はランキングを上げることだと思っていたことがある。
　もちろん、情報公開を進めること、住民との対話から政策を紡ぐこと、議会が市長部局と向き合ってチェック機能を果たすことはとても大切なことだ。けれども、その前にせねばならないことがある。
　それは議員が自らの行動と意識を変えていくことである。

また、議会事務局職員の意識を変えていくことである。

誰かを糾弾することでそれを実現するのではなく、考えて気付くプロセスを作っていくことが議会改革だと思う。

2 委員会室のレイアウトを対面型に変更

対面で議論する委員会

筆者が委員長になって始めた最初の改善策は委員会室のレイアウトを変えることだった。宇陀市議会には2つの委員会室があるが、そのうち1つはまったく使われず、なぜか市役所の会議室になっていた。その会議室を市議会に返してもらい、フリーレイアウトの委員会室として改めて使うこととした。市役所の会議室と同じ設備があるので、ホワイトボード、プロジェクターが備え付けられている。これらを活用しない手はない。

今まで横一列に座っていたのを委員同士が対面で議論するようにレイアウトを変え、ホワイトボードに議員の発言の要旨をメモするようにした。

今後はプロジェクターとパソコンをつなげて要約筆記を随時確認できるようにしていくつもりである。

3 発言が明らかに変わった

さて、会議の仕方を変えたら、議員の発言が明らかに変わり始めた。対面になっているので議員同士で議論することがもはや当たり前になった。ホワイトボードに意見を書き出しながら、何を改善しないといけないのか、そのアイデア出しにも使えるようになった。

委員がこちらから多くを提案しなくても、できることはないかを考え提案してくれるようになった。それを委員会という会議体で行えるようになったのはとても大きいことなのである。

その一例として、議会日程

議会日程のチラシを配る議員

の告知のチラシ配りを挙げたい。議会改革委員会の委員が定例会開会前に告知のためのチラシを作り、駅頭で配布することにしたのである。議会事務局にも協力していただいているが、基本的な作業はすべて議員が行う。

次は議会報告会を行うこととした。今までと異なり、期数を超えた議論と行動ができるようになっている。

筆者は決してリーダーシップを大きく発揮しているわけではなく、あくまでも引き出す側であるべきであると考えている。議会改革とは自ら気付き、自ら行動を変えるためのプロセスであると考えているからだ。評価に一喜一憂する必要はない。

4 課題を共有して全議員で改善をめざす

宇陀市議会は年配の議員が引退してまとまりがなくなったといわれることがある。そうではない。一握りの議員が行ってきた調整を全議員で行うための挑戦をしている最中なのだ。そして、この挑戦は多くの地方議会で起きてほしいと思う。

議会を、議論して物事を決める場に戻すこと。

市長からの提案に「おかしいのでは？」と感じた議員がいたときに、その意識を共有できる会議体を作ること。

議長や委員長が暴走しないように議会運営のルールを見直すこと。

常に同じ場所にいるわけではない議員間で情報格差が生まれないよう

にすること──。

　課題意識から共有して改善すればどこも違う改善ができるはずだし、その方がより強い改善ができると思っている。

5 ファシリテーターとしての事務局職員が必要

　議会に足りていない人材としては、ファシリテーター（進行役）があると思う。会議を運営し、まとめ上げ合意を作っていくという、まさに議長、委員長に求められる能力であるが、選挙で議員が選ばれる以上、常にファシリテーター人材が議会にいるとは限らない。

　ぜひ、この役割の一部を事務局職員に担ってほしいと思っている。また、委員長に就任する議員に対してファシリテーター研修を行うのも有効であると思う。

　議会改革とは熱意や思いも大切であるが、気が付けば勝手に議員や職員の行動が変わっているようにレイアウトをデザインし、会議をデザインし、作りこんでいくことであると考えている。「いつの間にか気が付いたら宇陀市議会は評価されていたね」。そう、同僚議員にいわれるまで地道にやっていくべきである。

　　　　　　　　　　　　（文責：奈良県宇陀市議会議員　勝井太郎）

3 審議を充実させる法務支援を増強できないか

Q 町村議会など小規模の議会では、法解釈や政策展開の段階になると議員を支援してくれる議会事務局職員がいない場合がある。このような場合に審議充実のためにはどのような方策が考えられるか？

A 町村議会事務局としても政策法務能力を持った職員を配置して執行機関と法的な議論ができるのが望ましいが、議員が気楽に法務支援を受けられるような仕組みの活用も有効である。

解説 ▶▶

　町村議会の一議員として「新たな法解釈によって地方行政を推進したい」、あるいは「執行機関による不当な政策展開の是正」などを議論したいときに、それを形にする術（すべ）が極端に少ないのが現実である。議会事務局には職員が少ない上、法務の専門職員が置かれることはまずないからだ。

1 法的視点はおざなりに

　そのため、議案審議の際に法的視点はおざなりになりがちである。また、議案を否決することはできても、新たな発想や提案を形にする修正案の提出はほとんどできない。

　このことはデータが物語っている（次頁の表参照）。市議会においても修正可決の割合が高いとはいえないが、この数値は「可決に至った件数」なので、修正案の提出は市議会とは大きな開きがあるだろう。

　議員（個人）が法的な問題に一歩踏み出したとき、議会（機関）とし

てもその全体構造を理解しなければならない。先鞭をつけるのは議会事務局になるが、独自に法務能力を持たない事務局は上部組織（筆者の所属する自治体の場合は北海道町村議会議長会など）に照会することになる。

　しかし、法解釈が新たな視点であればあるほど、回答が戻ってくるには長い時間を要するか無回答となり、結局、現場の議会審議では法的視点は棚上げにされて原案可決となる。

表　付議案件の審議結果

	全国町村議会（928議会）(2014年1月1日～14年12月31日)		全国市議会（813議会）(2014年1月1日～12月31日)	
	件	%	件	%
総件数	89,321	100.0	112,610	100.0
原案可決・認定・同意・承認	88,370	98.9	110,172	97.8
修正可決	148	0.2	183	0.2
否決・不認定・不同意・不承認	568	0.6	1,537	1.4
継続審議	123	0.1	182	0.2
審議未了	38	0.1	16	0.0
撤回	74	0.1	96	0.1
その他	―	―	424	0.3

※請願・陳情、選挙は含まない。
（出所）全国町村議会議長会、全国市議会議長会

2 月形町における指定管理者を巡る議論の例

　北海道月形町の事例を紹介しよう。町には2014年現在、町立認可保育所と私立幼稚園が1カ所ずつあり、町立認可保育所は指定管理者制度により社会福祉法人Sが運営している。少子化の影響で私立幼稚園が2年後に閉園することになったため、町は、閉園と同時に町立認可保育所を町立認定こども園にして幼稚園機能を維持する方針を打ちだした。

　町議会に「認定こども園開設準備事業」の補正予算案が提出された。

その中身は、認定こども園の情報収集、教育内容等の検討と策定、円滑な統合のための交流事業などを社会福祉法人Ｓに業務委託するというもの。議案審議の中で「委託料は、社会福祉法人Ｓに対する人件費」という説明があり、これは以前から構想されていた「委託料で雇った臨時保育士が認可保育所の業務に就き、保育所の管理職等が認定こども園開設準備作業にあたる」を事業化したものだ。

　筆者は反対討論で「①認定こども園条例未整備・指定管理者未指定の段階で、指定管理者を社会福祉法人Ｓにすることを公言し、それを前提に事業を組み立てること、及び②委託事業の設計に法的問題があるのではないか」と指摘した。一方、賛成討論では「疑念の起こらないよう注意して執行するという町長答弁に期待する」との発言があり、最終的な採決は賛成８、反対１で原案可決となった。

　この審議では「指定管理者制度の運用」が重要な論点だった。認定こども園の開設準備業務は、指定管理者が行う公の施設の管理業務の範疇ではない上、保育所と認定こども園の受託者資格要件も異なる。よって、開設準備業務の受託者選定では法人Ｓ以外にも受託機会を与えることが公平であり、住民に対してよりよいサービスを提供できる可能性もあった。

　しかし、町は法人Ｓに特命で受注させた。しかも、この委託業務は法人Ｓにとって実質的な補助金の意味を持つ。法人Ｓは公費（委託料）で認定こども園の管理能力を身につけることができるからだ。その上で町は、認定こども園の指定管理者の地位を優先的に法人Ｓに与えようとしている。これは不平等（違法）である。筆者はここが審議のポイントだと考えた。

　一方、賛成議員は事業の進捗を重んじた。たとえ事業設計段階で問題があろうとも、実際の運用段階で修正も可能であり、予算項目に問題がなければ議案を通すという考えである。この考えに従えば、法務や事業の詳細は行政側の責任であり、議会は関与しないといっているようなものだ。

3 私的な法務支援を受ける

　筆者は以前から認定こども園に関する町側の進め方に違和感を持っていて関連の質問を繰り返してきたが、らちが明かない。そこで法的な視点で問題の本質を指摘できないかと考え調査を進めていた。しかし、指定管理者制度は難解で壁に突き当たってしまう。そんなとき議会事務局研究会に手助けを求めたところ、同制度を熟知している会員から助言があり、制度を理解することができた。

　また上記の事例の際も、議案の詳細がわかってから議会審議まで数日しかないなか、昼夜・休日の別なく疑問に答えてくれたことで法的問題点をつかみ、審議に間に合った。私的なつながりの法務支援によって、議員の職責を果たせたのである。

　それに対し、町議会事務局は、この問題の全体構造を把握できていなかった。審議前に法的問題点の確認をお願いしたのだが、事務局独自には判断できず上部組織等に照会をかけた。が、回答はない。その結果、議会としては「疑問は残るも原案可決」となり、事業は進んでいる。

4 議会事務局の支援組織の充実が前提となる

　本来、議員や議会に求められているのは、足元の課題を見つけ、地道に解決していくことではないだろうか。今の議会改革論議は、その視点が弱いと思う。今こそ議員も法務能力を身につけ、執行機関と単なる「是非論・有用無用論」ではなく「法的な議論」を行いたい。このことは、必ずや住民のための真の議会改革につながっていくだろう。

　そのためには、まず、議会事務局の組織機能、特に政策法務の強化が必須で、独自に判断できる体制が求められる。事務局人員増のほか、執行機関の法務職員の議会業務との兼務、地方自治法100条の2「専門的知見の活用」もあり得る。

　今ある支援組織の充実も必要である。つまり、①全国――都道府県―

—自治体議会という垂直関係、②同じ町村議会の水平関係、③近隣自治体で作る身内的関係を強化し、わからないことをすぐに聴ける関係性を整備しておけば心強い。

　議員個人としては、議会事務局研究会のような気軽に本音で相談できる支援組織を確保したい。自分のアイデアに共感し手助けしてくれる組織があれば、ICT（情報通信技術）によって距離も時間も越えてつながることができ、孤軍奮闘する議員にはきっと大きな力になる。

　事例で示した審議の経過を「議会だより」で知った町民から「法的問題点とはどういうことか」と議会に問い合わせがあり、これをきっかけに勉強会が開催されることになった。今回の件が、政策法務の必要性と議決責任の重大性を認識する教訓となることを期待したい。

　　　　　　　　（文責：北海道月形町議会議員　宮下裕美子）

4 事務局に必要な「どうすればできるか」の発想とは

Q 議会改革の様々な取組みにはそれなりのエネルギーが必要であり、苦労がつきものだが、議会事務局が議会改革にかかわるには、どのような心構えが必要だろうか？

A 議会改革に事務局がかかわるには、昔ながらの発想からの転換が必要である。例えば清酒条例（乾杯条例）の制定などの際における議案の修正には、議員との調整を短時間で行うなど、議会事務局の支援体制が重要である。

解説

筆者は、京都市会事務局調査課長を2009〜2013年度の5年間務め、「京都市会基本条例」の制定（2014年3月）をはじめ、議会改革の様々な取組みに、事務局の立場でかかわった。議会基本条例の内容や制定までの経過は、京都市会のホームページで公表されているので、本稿では、事務局側から取組み、苦労しながらも発想を切り替えることで対応したいくつかのトピックを紹介する。

なお、京都市などいくつかの政令市では、市議会のことを「市会」と称しており、本稿でも「市会」を用いる。

1 市と市議会の情報公開制度を一本化させる

情報公開の長年の取組みは、京都市会にとって大きな強みである。身近な「開かれた市会」を実現するためには、市会に関する情報の公開を積極的に推進することが何よりも必要である。筆者はその根拠である情報公開条例の見直しに早くから取り組んできた。

1991年に京都市情報公開条例が制定され、市の情報公開制度がスタートしたが、市会は、条例の実施機関（情報公開の対象）ではなかった。その後、議会を実施機関とする情報公開制度の整備が全国で広がりを見せる中で、京都市会は、執行機関側の条例とは独立した市会独自の条例を制定することを決めた。国の情報公開法等の当時の最新の知見を参考に、2000年に京都市会情報公開条例を制定、2001年4月から運用を開始した。

　ところが、その後、市条例について最新の内容にリフレッシュするための全部改正が行われ、2つの情報公開条例の間で実質的な差がほとんどなくなった。議会の独自性を損なわせることなく、合理的に制度を運用するためには、議会自らが制度を統合する必要があると考えた。

2 議員を説得して情報公開条例を一本化

　ところで、市会情報公開条例では、議長の処分に対して不服申立てがあった場合の諮問機関「市会情報公開審査会」を設置した。議会に附属機関を設けることに否定的な見解があることを承知の上で、検討を重ね、あえてこれを設置したことからも、議員には、情報公開条例を「市会独自に創り上げた」という自負とこだわりがあったと思う。それを見直そうというのであるから、容易なはずがない。

　そこで、まず、条例は別々のままで、諮問機関だけ統合することとした。条例制定後10年間（2001～2010年度）で不服申立ては1件で、今後も見込めない状況となっていたからである。最初は、当時検討されていた行政不服審査法の全面見直しを諮問機関統合のきっかけにしようと目論んでいたが、同法の見直しが進まず、この手法は諦めた。

　しかし、市長側から、情報公開制度と個人情報保護制度の2つの諮問機関を統合する条例改正案が提案され、これを機に、議員に説明・説得をしたところ、統合の了解を得た。2010年度末をもって市会情報公開審査会を廃止し、2011年度から、不服申立てがあった場合、議長は、市長が設置する附属機関に諮問することとした。これで、諮問機関は1つに

なった。

次は、いよいよ条例の一本化である。事務局内では、次の図のとおり、議会基本条例の制定と同時に情報公開条例を一本化する方針を固めた。

結果的に、京都市会基本条例の制定と同時に、情報公開制度の統合を果たすことができたが、議員への説明・説得のタイミングを計るのに筆者が神経質になり、これで最後、今しかないというギリギリのタイミングでようやく調整を始めた。見直しが間に合って安堵した。

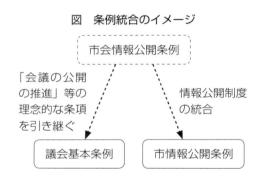

図　条例統合のイメージ

③ ネット議会中継の対象を拡大

京都市会では、2005年9月からネット中継（生中継・録画放映）を実施し、順次対象を拡大してきた。ただ、対象が本会議の全日程と予算・決算特別委員会等の市長総括質疑に至った時点で、拡大を止めた。常任委員会等のネット中継も検討されたが、多額の費用と職員の負担がハードルとなっていた。

しかし、ネット環境の急速な進展により、いつでも、どこでも議会の活動を見ることができる環境づくりこそ、急務であると考えるに至り、実施できない理由ではなく、どうすれば実施できるかを考えることへと事務局の方針を大きく転換させた。

議会基本条例にネット中継をどこまで規定するかを検討する過程で、費用と職員の労力をできるだけ掛けずに実施する手法を探った。委員会

のネット中継については、2013年11月から動画中継サイト「ユーストリーム」を活用した方法で開始した。

本会議日程等の周知ポスターや市会独自のマスコットキャラクターの積極的な活用といったユニークな取組みも実施しており、交流サイト（SNS）の活用や、議会の広報の先にある「広聴」のあり方に関しても検討を続けている。

4 全国初の清酒条例（乾杯条例）の制定

いわゆる「乾杯条例」が全国で続々と制定されている。その全国初の条例が「京都市清酒の普及の促進に関する条例」である。これは、議員提案によるもので、原案の一部を修正の上、全会一致で可決された。在職中に数件の議員提案条例にかかわったが、この条例案とのかかわりは、強烈で、特殊であった。

「個人の嗜好に関する事項を条例化できるのか」という問題に対して、否定する理由なら、容易にいくつでも挙げられるだろう。この困難な問題に対する肯定的な答えは、成立した条例そのものであると考えている。「乾杯条例」の広がりに、「条例はここまでできる！」との思いを強くする。

5 議案修正への事務局支援体制をつくる

京都市会では、議案の修正可決が増えている。議案に対してオール・オア・ナッシングの態度で臨むだけではない、柔軟な対応として、その意義が広く認められてきた。補正予算案の修正（議員報酬等の臨時削減分を財源とした修正）も、2011年5月以降、毎年行われている。

そこで問題になるのが、議案の修正に関する、いわゆる法制執務の面からの事務局の支援体制である。条例づくりにおいては、法制執務のルールがほぼ確立しており、多数の文献を容易に参照できるが、議案の修正については、筆者が知る限り、河野久編著『立法技術入門講座3　法令

の改め方』（ぎょうせい、1988年）しかまとまった内容の文献がなく、それも現在では入手が困難なようである。また、予算案の修正についてのルールを記載した文献に接したことがない。

　議案の修正文をどうするかは、短時間で議員と調整しながら決定していく必要があり、事務局が責任をもって対応すべきである。そこで、参考にするものがないなら、自ら作ってしまおうと考えた。幸い、筆者は、市長部局での在職中も含め、修正案にかかわる機会が多く、工夫を凝らした修正の手法も経験していたので、まずは、過去の修正案を可能な限り掘り起こして、ファイル化することから始めた。

　結局、マニュアルとして完成させることはできなかったが、事務局に一定のノウハウを残すことができたと考えている。事務局の現役の皆さんには、完成を期待したい。

　　　　　　　　　　　　（文責：京都市廃棄物指導課長　福井弘）

5 意思決定プロセスをどのように公開していくか

Q 比較的大規模な自治体議会が活性化に取り組むためには、改革検討会のような組織が有効であるが、その際に議会事務局は、どのようなサポートが可能か?

A 議会改革検討会においては、優先的に取り組む検討項目を決めて改革を進めていくべきであるが、議会事務局としては「議会の見える化」や「議員の政策立案機能支援」等に積極的に対応すべきである。

解説

　筆者の所属する神戸市会が議会改革に取り組んだ歴史は古く、1976年に委員会において請願・陳情の口頭陳述を代表者から受けること、1979年には常任・特別委員会の傍聴を原則自由とすること、1980年には市会図書室図書の市民貸出しなどを決めている。
　その後も数次にわたる取組みを重ねている。例えば2001年夏には市会ホームページに会議録検索システムを導入し、阪神淡路大震災以降の本会議録（2003年には1987年以降の本会議録と予算・決算特別委員会総括質疑録を追加登載）と、それ以降開催の委員会記録を登載するなどしてきた。

1 改革すべき優先事項を4つの柱に整理分類

　最近の取組みを紹介することとする。2011年3月の市会運営委員会では情報発信の強化策として、①インターネット録画放映の拡大、②市会HPの充実（委員会の行政調査報告掲載等）、③市会メルマガの創刊、④予算・決算特別委員会総括質疑等の議場開催、⑤常任委員会の傍聴定員拡

大（15人→40人）など「議会の見える化」策を取りまとめ、実施に移している。

その直後の2011年4月の統一地方選挙において、議員定数・報酬の大幅な削減を訴える政党の著しい伸長に対して、議会・議員の発信力が欠如していたのではないかと議会からの反省の声が上がった。

そこで、「神戸市会活性化に向けた改革検討会」を設置することになった。構成員は正副議長、各交渉会派団長・幹事長、さらに非交渉会派もオブザーバーとして参画し、議会基本条例制定と各種改革項目の検討が、2011年7月4日にスタートした。この検討会は13回にわたり協議を重ねたが、経過のすべてを市会ホームページに掲載している。

検討会の実質スタートとなるセミナーには講師として、議会事務局研究会共同代表である駒林良則立命館大学法学部教授を招いた。「議会活性化に向けた改革課題について」と題した講演では、議会機能・審議の活性化や議会と住民との連携構築の重要性について示唆を得た。

続いて、先進事例調査のため検討会委員全員で川崎市議会、三重県議会を視察。これらにより、この検討会が優先的に取り組むべき検討項目の抽出を行い、

　①行政機関に対するチェック機能の強化
　②政策立案・提言機能の充実
　③市民参加の積極的な推進
　④議会および議員活動のあり方等

の4つの柱に整理分類し、合意の整った項目は随時実施していくこととなった。

2 会派報告を集約し審議を効率化させる

各回の審議・討議テーマは事前に各会派内で協議が行われ、検討会の1週間前に事務局に回答を寄せていただき、集約した一覧表等を事前に送付。この作業工程により、審議の効率化を図ることができ、ちょうど1年で基本条例を含めた諸改革案をまとめることができた。

改革の具体例としては、2会期制への移行、議決事件の拡大、一般質問の導入、本会議生中継、常任・特別委員会生中継・録画放映、議案書・委員会資料の6日前ホームページ公開、市会ホームページ全面リニューアル、対面式発言席改修など。
　また、法制担当職員の配置を市長に対して文書で要望した結果、2013年4月に法制担当係長が配置された。なお、市民への議会報告会については、将来的な検討課題となった。
　これらの改革メニューの実現により、その直後に行われた早稲田大学マニフェスト研究所の「議会改革度調査2012」では全国18位、政令指定都市1位を獲得するところとなった（その前年は同45位、同4位）。
　その後も、議会の政策立案・提言機能の具体策として、議員提案条例に取り組み、指定都市としては初の制定となる要援護者支援条例を議員提案で行い、さらに、がん対策推進条例、神戸灘の酒による乾杯を推進する条例およびみんなの手話言語条例の計4件の提案・成立を見ている。特に、要援護者支援条例は阪神淡路大震災を経験した神戸市にとって早期に取り組むべき課題であったが、複数の部局間調整を議会側が行い、成立を見た意義は極めて大きいと考える。
　また、政策立案支援のため、2013年度から常任・特別委員会の参考人招致予算として100万円を新たに確保し、各委員会でこれを活用し勉強を重ねている。
　さらに、2014年5月に新たに設置された「未来都市創造に関する特別委員会」では、前年11月に新たに就任された久元喜造市長の公約でもあった、神戸の都心である三宮の再整備等に関し、委員間討議により提言をとりまとめ、2015年3月に「神戸の未来都市創造に向けた提言書」として市長に提出した。
　加えて、この提言の内容について市民とのさらなる共有を図るため、神戸市会初となる議会報告会を同年5月に行ったところである。

一昨年2月に立ち上げた市会事務局のフェイスブック

③ 事務局は市民と議会の架け橋をめざす

議会・議員を支える事務局として、取り組んできたことを示す。2013年2月に「神戸市会事務局」のフェイスブックを立ち上げ、2013年6月には「政策調査レポート」の模様替え、2014年7月には議員向けに市会資料検索システムをクラウド対応で導入するなど「議会活動の見える化」「議員の政策立案機能支援」に積極的に対応してきた。

この取組みにより、2014年にローカル・マニフェスト推進地方議員連盟が主催する第9回マニフェスト大賞優秀成果賞をいただくに至った。

今後も他都市の先進事例を敏感に感じ取りながら、議員へのアドバイスを怠らず、市民と議会・議員との架け橋となる事務局をめざして、取組みを進めたいと思う。

④ 予算に生かすための政策提言

最後に、個人的見解ではあるが、これまでの経緯を振り返りながら、改革メニューについて少し思うところを述べたい。

まず、政策立案・提言について。残念ながら、議会には予算編成権が

まったく与えられておらず、予算の修正に当たっても制約的な法令解釈が多く見受けられる。改革度の物差しとして予算修正の実績の有無が論じられているが、「首長に対する予算・政策要望」もこれに匹敵するものだと考えている。

中央大学の佐々木信夫教授は「議会の予算教書」を提唱されているが、政党・会派間事情から議会としての教書は困難としても、各会派が切磋琢磨して政策提言を行い、首長の予算案にあらかじめ組み込ませる、これも一つの政策立案の方策であろうと考える。各会派の「市長への予算要望」を市会ホームページで紹介することにより、その政策提言能力を市民に示している。

次に、議会は最終的な意思決定機関としての役割を担っており、議会の意思決定プロセスの公開は重要である。神戸市会では本会議・委員会資料を前述のとおりホームページに公開している。また本会議・委員会共に生中継と録画放映を行い、さらに議案に対する表決態度も貴重な証拠資料として、本会議録・委員会記録も検索機能付きで公開している。これら一連の流れは議会として最も必要な事項だと考える。

（文責：神戸市会事務局長　梅村晋一）

6 政務活動費の使い方をどのように考えるか

Q 議会にとって、首長に対して行使しうる権限の中でも、もっとも重要な権限とは何だろうか。

A もっとも重要な権限は、議決権である。議決権を行使して首長提出議案への賛否を示すことにより、自治体として法的拘束力をもたらす政治的決定がなされる。そこで議会事務局には、議員が賛否を示すための資料提供を行う能力が求められる。

解説

　2014年、地方議会において大きなトピックとなったのは、兵庫県議（当時）による政務活動費の不正使用疑惑であった。本稿では、議員はもとより事務局にとってもその使い方に関して責任を求められ、常に世間から厳しい視線を向けられている議員報酬と政務活動費について一つの視点を提示したい。

　議員報酬とは、当該地方公共団体により各地方議員に支給される金銭のことである。政務活動費とは、議員の調査研究等に必要な活動のための経費として交付される金銭のことで、2012年の地方自治法改正により、政務調査費から名称が変更され使途が拡大された。

1 議会費は歳出総額の0.4%

　これら議員報酬や政務活動費は、自治体の目的別歳出のうち「議会費」の項目に当てはまる。2013年度目的別歳出決算額で見ると、自治体の一般会計の全歳出総額が97兆円であるのに対し、「議会費」総額はわずか約4300億円、率にして0.4％に過ぎない。

現在、多くの自治体においてこの議員報酬や政務活動費の額について検討が行われているが、筆者は近年の議員定数削減や議員報酬（場合によっては政務活動費も含む）削減の流れに対して違和感を持っている。

2 強い首長の制度的権限に対する予算案の精査は不可欠

　周知のとおり、首長と地方議会の議員がともに住民の直接選挙によって選ばれる、「二元代表制」が日本の自治体で採用されている。筆者は、『戦後日本地方政治史論――二元代表制の立体的分析』（木鐸社、2015年）において、首長が地方議会に対して制度上相当優位な立場にあることを、外国の大統領制研究を参照しながら明らかにした。

　例えば、日本の地方議会には、一般に大統領制では認められない執政部の長の解任権（首長不信任議決権）が付与されているものの、首長は（自らに対する不信任議決がなされたときに限ってだが）大統領制では認められないことの多い議会解散権を有する。

　さらに、自治体にとって恒久的なルールとなる条例案の提出権が地方議会だけではなく首長にも与えられている。予算の調製・提出権は首長にのみ存在し、地方議会はこの提出権限を侵さない限りにおいて（増額）修正することが可能だと解されている。

　首長は、大統領制でいう拒否権に当たる再議権も行使できる。地方自治法176条1項に基づく再議の場合、条例の制定や改廃、または予算に関する議決については、出席議員の3分の2以上の賛成がない限り議会は先の議決を確定させられないから、議会内で単純多数の議席を確保するだけでは、首長の考えとは異なる議決結果を確定させることができない。

　そして、首長は専決処分の権限を有するため、一定の条件が整えば議会を「迂回」して法的拘束力を持つ決定を下せる。もっとも、2012年の地方自治法改正により、条例の制定や改廃、または予算に関する専決処分が議会によって承認されなかった場合には、首長は何らかの必要な措置を講じなければならなくなったが、その具体的な内容については首長

の判断に委ねられていることに注意が必要である。

　このように、日本の二元代表制は、議会側が首長の意向に抗うには相当な努力が必要な制度設計となっている。そのような中、多くの自治体が現在求められている財政再建のために議会は何ができるか。もちろん、議員報酬の削減もその一手であるかもしれないが、すでに述べたように、一般会計の総額からすればごく限られた額にしかならない。だとするならば、予算案の精査にこそ地方議員は精力を注ぐべきではないだろうか。

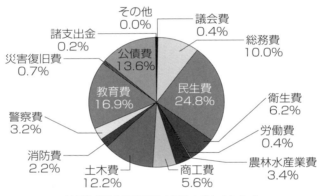

図　2014年度目的別決算額の状況

（出所）『平成28年版地方財政白書』より作成

3 首長に対抗するには減額修正という手段を

　地方議会が持つ権限でもっとも重要なものは、先にも述べたように議決権である。先に首長の提案権を侵害するような予算の修正はできないと述べたが、地方議会には予算の減額修正という手段がある。

　もちろん、法令上自治体が負担しなければならない義務を負う経費については、削除もしくは減額することができないが、自治事務については、地方議会自らが政策の取捨選択を行い、必要と認めがたい事務であるならば、予算の減額もしくは削除を行うことによって議員報酬や議員定数の削減効果以上の財政健全化を果たすことも不可能ではないだろう。

住民に対する「議会の見える化」が主張されているが、地方議会の存在意義は、議員定数や議員報酬の削減を行うことにあるのではなく、各議員が、民意を代表し自らの責任で、地方議員同士もしくは首長との議論を通じて、政策の善し悪しを判断することにある、と筆者は考える。

では、どのようにすれば、地方議会は自治体の財政健全化に資する提案や議案の修正を行うことができるか。筆者はその答えを、政務活動費の有効活用に求める。

自治体の財政を好転するためには、いうまでもなく、収入を増やすか支出を減らすかのいずれかの手段を採らねばならない。税収を増やすにせよ、支出を減らすにせよ、その手段を会得するために、様々な情報に接する必要がある。

4 確かな情報を得るための政務活動費

それはインターネットで取得できるかもしれないが、確実性のある情報に接するためには、書物を読み、場合によっては実地視察も必要になろう。あるいは、様々なセミナーや勉強会などに参加して、知識を身につけなければならない。政務活動費とは、そのような活動を行うために使うべきものである。

このように考えると、政務活動費がない、もしくは不十分な場合には、地方議会が本来果たすべき活動が阻害されていると見るべきではないだろうか。また、政務活動費の充実した使い方ができていない議員は、充実した議会活動ができていないのかもしれない。

議会事務局には、議員が賛否を示すための資料提供を行う能力が求められる。とはいえ、従来の「すべて事務局頼み」の姿勢から脱却し、議員が自ら情報を集めることが必要であり、そのために用いるべきなのが政務活動費なのである。そしてこのとき、議会事務局に求められる役割が、政務活動費の不正使用がないかどうかの確認では決してないことを、ここで強調しておきたい。

5 議員活動の可視化で議会の存在感を示す

　購入する本には当たり外れがあるだろう。実地視察しても、そこでの事例がその議員の所在する自治体に適用できないこともあるだろう。セミナーに参加しても自身にとってはあまり役に立たないものとなるかもしれない。しかしそれでも、地方議員各自が動き出さないことには、住民の議会に対する見方を変えることはできないだろう。

　自らの責任で政策の実現に結びつけることができる「地方議員」という仕事が、どの人にも魅力あるものと映るよう、議員活動も政務活動費も議員報酬も、充実させることはできないものだろうか。そして、議会という住民にも「見える」場において、予算案の修正を行う方が、予算提案前に首長に予算要望を行うよりも、住民には地方議会の存在意義がより明確になるのではないだろうか。

　そのためには、事務局職員も、議員からのレファレンスに応ずる能力を身につけ、議員による情報収集の手助けを行う必要がある。そして、議員や議会が首長に対して厳しい意見や新しい提案を投げかけ、「これはやられた」、「うーん、なるほど」と首長を唸らせることができれば、本来の職務を果たし得たと考えてよいのではないだろうか。

　　　　　　　　　　　　　　（文責：近畿大学法学部教授　辻陽）

7 政策立案能力を向上させるための文献調査方法とは

Q 事務局職員がごく少数の地方議会では、政策立案能力の向上にも限界がある。どのような取組みが可能だろうか？

A 人脈を駆使することに加え、文献調査を地道に継続する議員や事務局職員が増えれば、議会の政策立案能力は確実に向上していく。そのためのインフラとしては、議会図書室の充実も一案だが、小規模な公立図書館の活用でも相当のことが可能となる。

解説

　調査を行い政策を立案するためには知識・情報が必要であるが、これは地方議会においても当然当てはまる。多くの場合、そうした情報は人的なネットワークによって得られることになるが、執行機関から提供を受けたり、インターネット上での情報探索によりもたらされたりすることもある。

　他方、地方自治法は100条19項で、地方議会は議会図書室を置かなければならないことを定めている。しかし、議会図書室の大半は極めて小規模であり、また、実態としてほとんど機能していないことも少なくないため、地方議員や議会事務局職員のうち、調査や政策立案に際して議会図書室が有用であることを実感した経験を持つ者は少数にとどまるだろう。

　では、地方議会の政策立案能力の向上を図ろうとするならば、こうした現実にどのように向き合えばよいのだろうか。

1 文献調査は依然として重要

インターネットの有用性は今後も高まってゆくことが予想されるため、それを活用する能力を身につけることが必須であることは言をまたない。官公庁が発信する情報のかなりの部分は、すでに、紙媒体での刊行からインターネットでの発信にシフトしているのだから、例えば、ある特定の施策について先進自治体の取組みを調べようとする場合などにおいても、まずはインターネットで情報を収集するのが合理的である。

しかし、その一方で、付加価値の高いコンテンツの多くは、依然として、インターネットを通じて無料で入手することはできない。専門家による法令の解説や判例評釈、制度の分析、実施調査の結果などの大半は、有料で販売される書籍や雑誌にしか掲載されない。

したがって、時間が限られている場合にはすぐにアクセスできる情報だけで我慢しなければならないとしても、調査や政策立案の質を向上させるためには、多少時間をかけてでも情報収集に力を入れる必要がある。

2 議会図書室の拡充は容易ではない

インターネット一つとってもわかるように、地方自治法に議会図書室についての規定がおかれた当時と現在とでは図書室を取り巻く環境はまったく異なるが、調査や政策立案の質的向上を図るために文献（電子書籍や電子雑誌も含む）が必要不可欠であるという点は、少なくとも今後しばらくの間は変わらなさそうである。だとすると、地方議会関係者は、そうした文献情報を利用するための環境をどのように整備するかに無関心ではいられないはずである。

そうすると、法の趣旨に即して考えれば、必要な予算措置を講じ、人的な手当をして議会図書室の充実を図るのが最もオーソドックスな対応となる。法律に基づく必置規制がある以上、これまで議会図書室にさほど力を割いてこなかった地方議会であっても、その意義を再認識し、一

定のリソースを振り向けてその機能が十全に発揮されるようにすることが求められていると考えるのが自然だからである（議会図書室の必置規制を緩和するという立法論もあり得るが、ここではこの点には立ち入らない）。

とはいえ、実際に議会図書室に大きなリソースを投入できるかといえば、多くの地方議会にとってそれは容易なことではないだろう。多くの地方議会関係者にとっても、議会図書室に大きな期待をかけるのは難しいというのが正直な感覚かもしれない。

3 インフラとしての図書館の機能を他団体との連携で充実させる

確かに、議会図書室をどの程度の規模にするかは悩ましい問題である。文献が集積していればそれだけ利便性が高まるので、図書室の規模は基本的に大きい方がベターであるが、予算的な制約によりどこかで妥協をしなければならない。

だが、考えてみれば、そもそも図書館は、どれだけ大規模な蔵書を有していたとしても単独でニーズを充足できるわけではない。単一の図書館で世界中のあらゆる文献を網羅することが不可能である以上、ユーザは、必要な文献を集めるためには、複数の図書館を渡り歩かなければならない。

そして、だからこそ、そうしたユーザの不便さを軽減するために、公立図書館は、都道府県内や全国的な枠組みの中で、蔵書を相互に貸借する仕組みを設けている。自らの蔵書にすることが費用対効果の観点から難しい書籍や雑誌については、他の図書館から一時的に借り受ける道が開かれているのである。

このことは、議会図書室のあり方を考える際には大事な点を含んでいる。議会図書室の充実を図ろうとするに当たり、規模の追求が困難な部分については、他の図書館との連携をフルに活用することで、「小規模ながら高機能」であることを追求すればよいからである。

そして、議会図書室にとって最も身近な連携相手が、当該地方公共団体が設置する公立図書館であることはいうまでもない。もちろん、公立

図書館は議員専用の施設ではない。しかし、住民であれば誰でも利用することができ、他の図書館からの借受けの窓口にもなる。そして何より、公立図書館は議会図書室より大規模なコレクションと人員を擁している。公立図書館を文献調査のインフラとして組み込むことは、調査や政策立案能力の質的向上を図る上での有力な選択肢だといえるだろう。

　公立図書館との連携を図ることのメリットは他にもある。公立図書館はどこも文献探索の相談に乗るサービスを行っているので、優れた図書館員がいれば、文献探しのサポート役として助力を得ることができる。

　そして、図書館の運営に自治体職員が従事している地方公共団体であれば、時間をかければ、地域の地理や歴史、文化はもちろん、地域が抱える課題についても明るく、議会や行政の仕組みを知悉した、「痒いところに手が届く文献探索」ができる図書館員を育成することも可能である。

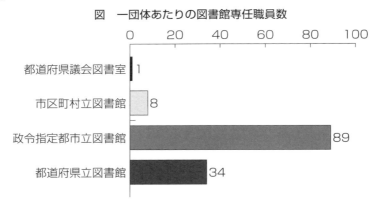

図　一団体あたりの図書館専任職員数

4 動き始めた「図書館の活用」の様々な事例

　調査や政策立案のための文献の活用、なかんずく図書館の利用を飛躍的に進めた事例としては、議員向けではないが、鳥取県の取組みが知られている。鳥取県は、片山善博知事（当時）の下、議会図書室とはさらに別に、執行機関の職員向けの県庁内図書室を設置したが、これは県立図書館のサテライトともいえる機能を果たしている。

また、議会図書室との連携という視点では、湖南市（滋賀県）では市立図書館の司書の一部を議会事務局との兼務として位置付け始めたし、鳥羽市（三重県）では、議会図書室・市立図書館・県立図書館の三者の連携の枠組みを整備している。さらに、伊万里市（佐賀県）では、制度的な裏付けはないものの、市立図書館が議会事務局と連携して議員向けに蔵書の紹介展示・提供サービスを行っている。

　これらの事例に共通しているのは、既存のリソースである公立図書館を活用しているという点である。利用者が限定される議会図書室（鳥取県の場合は県庁内図書室）に投入できるリソースには限りがあるからこそ、既存のリソースとの連携を図ることで、最小限のコストでその機能を高めることが追求されているのである。

　もちろん、こうした取組みはインフラの整備に過ぎない。したがって、地方議会が調査や政策立案の質を実際に高められるかどうかは、それを使う側が、人的なネットワークや執行機関、そしてインターネット等から得られる情報に加えて、文献をもフルに活用できるようになるかどうかにかかっているし、インフラ整備の真価も、そうした「文献・情報を活用した政策立案」という行動様式が地方議会関係者の間に広がることで初めて発揮されることになるであろう。

　　　　　（文責：国立国会図書館関西館アジア情報課長　渡邉斉志）

8 機動的で機能的な委員会活動をどう展開するか

Q 議会に対する住民からの信頼感が一向に高まらない現実がある。議会報告会を行っても、参加する市民は固定化し、減少するという悩みがある。議会が市民とともに歩むためにはどういった方法が有効だろうか。

A 委員会を機動的に行うことが必要である。事前に委員間で地域課題の共通認識を持ち、委員会ごとにテーマを定め、議会の意思決定前に住民との意見交換会を行う。こうして、市民の声を審議に反映すれば議会への信頼感は徐々に増していくと思われる。

解説 ▶▶▶

　2000年に地方分権一括法が施行され、機関委任事務が廃止された。それは、国の膨大な権限が議会の権限になったことを意味する。果たして議会は責任ある権限行使を行い、市民生活は良くなっただろうか。職員として二元代表の両翼に携わった経験を踏まえ、議会が本質的な役割を発揮する方法を示したい。

1 事務職局員が抱える「二重のブロック」

　合議体である議会は、首長とは異なり、議員個々によるイメージの分散および議会の発信力の弱さにより、何を行っているのか市民からは意識されにくい。また、首長が予算編成権を持ち、企画立案を行っていることに比べ、議会の監視機能、調査機能は地味で評価もされにくい。
　そんな中、議員の野次問題や政務活動費の不正支出問題が世間を賑わし、議会不要との声すら聞こえてくる。しかし、その根本的原因は、議

会がその役割を伝えきれておらず、存在価値を示しきれていない、見えない存在だからではないだろうか。

　筆者は議会事務局に異動し、議会の役割を知ることにより、まず「議会の見える化」が必要であると感じ、議会映像配信にかかわることができた。

　一方で、事務局に来てわかったのは、事務局職員特有の感覚に「二重のブロック」があることである。自分の提案を実現するには、上司はもとより、議会の了解が必要になることだ。一人でも反対意見があると前に進まず、実現への道のりが長いことから、職員の改革意識が育ちにくいことを実感した。

2 「執行機関に伝える」という回答が参加者を減らしていく

　その後、東日本大震災の災害に見舞われた2011年に防災部局に異動したが、多くの新規業務を行うにあたり、上司からは「お前が決めろ」と促された。事務局時代とのギャップを埋めるのに少し時間を要したが、このことを通じて合議体である議会の弱さを補完するための方法を考えるようになった。

　和泉（大阪府）市には10人以上の団体の依頼により職員が出向く出前講座という事業がある。防災部局は2015年度28件延べ1,569人の市民の前で防災講話やクロスロードゲームを行ってきた。クロスロードゲームは、阪神・淡路大震災時のジレンマ問題に対してイエスかノーを決め、班に分かれた参加者同士が意見を出し合うシミュレーションゲーム。

　そこで感じたことは、参加者一人ひとりが意見を表明することの満足度の高さである。また、質問や意見も出されるがそれに答えられるのは、筆者が企画立案できる立場にあるからであるし、意見交換を通じて信頼感が増していく実感もある。

　では、全国の議会報告会の様子はどうだろうか。一般的には、議員が大挙して押し寄せ対面で座り、議案の審査の経過および結果を伝える。質問には、議員の私見では回答できず「執行機関に伝える」という回答

に終始し、議論が深まることはない。それでは参加者は面白くなく、参加者が固定化し数が減るのは当然である。

　議会は市民とともに学び、ともに考え、意見交換する場をデザインする方がいい。そう考えると「議会」単位で動くことが重々しく感じられてならない。

③ 議会をけん引する委員会は市民を巻き込んでいく

　市民生活を向上させるという議会の使命を果たすためには、委員会活動を機動的かつ機能的に行うとともに、市民意見を取り入れる必要がある。議会は、地域の未来像を描くため、全体最適で物事を考え、十分な情報と調査のもとに、市民とともに議論し、議員間で討議することで、結論にたどり着かなければならない。これらの実践を通じて議会による政策立案の期待値も上がる。このプロセスをまっとうできるのが委員会である。

　しかしながら、委員会の活動状況は芳しくない。全国市議会議長会の実態調査（平成27年度）によると、常任委員会の年間活動日数は、わずか12.8日。そのうち、閉会中の開催日数は2.5日であり、これは市外行政視察日数とイコールになっている。さらに、市内行政視察は0.7日に過ぎず、常任委員会における参考人招致事例は156市で全体のわずか19％、公聴会に至っては２市のみという状況である。

表　宝塚市議会委員会日程（2014年11月）

日付	摘要	内容
20日（木）	総務常任委員会	議案説明のみ
	総務常任委員会協議会	論点整理
26日（水）	総務常任委員会	議案審議

　一方、先進的な委員会活動も始まっている。まず、審議の質を上げる取組みとして、宝塚市議会（兵庫県）では、論点整理日を設けている。議案審議日の前に、委員が議案に対する質疑等を持ち寄る日程を別に取って、論点を整理する。質疑の交通整理ができるとともに、審議の質

が高まるという効果がある。

次に、審議に市民参加を取り入れた事例として、四日市市議会（三重県）では、議案の説明資料の一部を議会開会の1週間前にホームページに載せ、意見を募集している。集まった意見は委員会の前日に全議員に配り、審議の参考にする。

また、流山市議会（千葉県）では、意見募集にフェイスブックも活用している。市民は自分の意見を意思決定前に伝えることができ、間接的にでも議案審議に参加できるため、議会への関心も高まる。

4 意見交換で関心が市民に伝わっていく

市民とともに歩む議会になるためには、意思決定前に双方向の意見交換ができる場を設けることが必要である。

例えば保育園の民営化が検討されているならば、委員会として事前に保護者や関係者と意見交換したり、民営化の成功例・失敗例を視察したり、有識者を参考人招致するなどして十分な検討を行えるはずである。

議案審議に限らず、現在および将来の地域課題についての所管事務調査を常に市民とともに行うことこそが市民からの負託を受けることにつながる。

その実現のためには、委員会を機動的に行うことが必要である。委員会がテーマを定めた意見交換会を開催し、その機会に併せて議会報告会を開催する。市民にとっては、自分に関心のある、子育てや教育、医療等のテーマを通

三田市議会のテーマ別意見交換会のチラシ

じて委員会にかかわることにより、関心が議会に広がるというステップの方が自然である。このような意見交換会はすでに三田市議会（兵庫県）や小平市議会（東京都）が常任委員会ごとにあらかじめテーマを定めて実施している。

5 事務局に必要なのはファシリテート能力

　委員会を活性化するにはファシリテート（進行・調整）能力も必須となる。これは、議員全員が持つべきスキルであるが、事務局職員もぜひ身につけてほしい。筆者は、事務局を「議会と市民との懸け橋」と捉え、「議会と事務局が両輪」になるべきと考えているため、議会報告会の場においてその役割を期待したい。議会は、事務局に余計な仕事をさせるのではなく、必要な研修を受けさせる責任がある。

　議会全体に対する信頼が揺らいでいる今、真に市民とともに歩むために、事務局を含めた「チーム議会」として行動で示さねばならない。住民参加の上で、機動し、機能する委員会にすることが、議会の使命を果たすことになると確信している。

　　　　　　　（文責：大阪府和泉市市長公室危機管理担当主査　奥山高起）

9 「先例・標準・横並び」から脱するために現状をどう見るか

Q 「先例」「申し合わせ」は、議会内部の視点からは「先人の知恵と経験の結晶」であっても、市民の視点から見れば、「議会の閉鎖性や後進性の象徴」「思考停止症候群を発症させる麻薬」と思われるのではないか。このジレンマをどう考えたらよいのか。

A 「先例」「申し合わせ」は議会の秩序維持、議事運営の安定性確保の観点からは、「特効薬」ともいえるが、
①内部規範に過ぎないにもかかわらず、超法規的運用がなされている脱法性
②議会の意思決定ルールが市民からは見えない閉鎖性
③現時点での最適解であることの再検証を怠りがちになる常習性
などの「副作用」としての弊害に、十分留意して運用する必要がある。

解説

「任期は申し合わせで〇年」

これは地方議会において、正副議長が新たに選出された翌日の朝刊記事の決まり文句である。しかし、地方自治法では「議長、副議長の任期は、議員の任期による」と定められている。

多くの地方議会において「申し合わせ」という内部規定に基づく期間内に自主的に辞職願いが出された結果であり、形式的には合法であることは承知している。だが、執行部において、法の立法趣旨を否定するような内部規定を作り運用しようものなら、批判的報道に晒されることは必定である。

ところが、議会の世界では、「申し合わせ」が法の上位規定と認めら

れているかのような報道が公然とされていることに、ダブルスタンダードの違和感を覚えるのは筆者だけであろうか。

1 根拠の薄い先例・申し合わせの規範性

　執行部職員から見た一般的な議会事務局のイメージは、職員の裁量はほとんどなく、粛々と「こなし仕事」を遂行するといったものであろう。その理由はほとんどの事務は細かく決められ、事務局職員が主導して現状を変えられることはまずないと思われているからである。だが、実際には法定されていることはごく一部で、議員と協働し合意形成できれば変えられないことはほとんどない。

　確かに、議会運営に関しては、前述のごとく法をも超越したような大胆な運用がされている一方で、驚くほど細かなことまでルール化されている。だが、その多くは地方自治法や会議規則ではなく、「先例」や「申し合わせ」に根拠を置いている。

2 執行部は脱要綱行政へと舵を切っている

　執行部では、ずいぶん以前から行政の内部規定である「要綱」による行政は不透明であると批判され、例規化が進んでいるところである。しかし、議会の世界では、「先例によって」と報道され、それを取りまとめた「先例集」なるものが存在するが、それは多くの場合、議会まで出向いて閲覧するか、情報公開請求しなければ市民には知るすべがないものである。

　そして、先進地方議会の先例や申し合わせについてはウェブ上でも知り得るが、多くの場合は市民がその内容を知ることは難しく不透明な存在であり、これも現在の情報公開の常識との乖離を感じざるを得ない。

3 地方議会のガラパゴス化

　一方、議長会3団体が定める「標準」会議規則はもとより、マニュアルレベルの参考図書なども全国の地方議会で定着している。したがって、ほとんどの地方議会で同様の議事運営がされているのかと思えば、実際には議会によって驚くほど事情が異なる。他議会から議事運営についての質問を受けることがあるが、最初は議論が噛み合わないことも少なくない。

　それは、各々の議会の常識が異なるからである。もちろん、規模の違いなどに起因するものもあるが、基本的には同様のことをしているはずの地方議会で、独自文化が育まれるガラパゴス化が起きていることは、逆に奇異に感じられる。

　地方分権の観点からは、他と違うことは好ましいことであるともいえるが、外部から見える会議規則は「標準」に準じているため内容に大差がないのに、運営実態は異なるというのもいかがなものであろうか。

　つまり、議事運営の個別具体を反映しているものは、会議規則ではなく「先例」「申し合わせ」であり、それらは内部でどのようにでも決められるということである。

4 会議規則を廃し、会議条例を制定した大津の事例

　大津市議会（滋賀県）では、2014年2月に会議規則を廃止して会議条例を制定した。見直しのきっかけは、以前の会議規則は標準会議規則に準じて定められてはいたが、当議会では運用実態がない規定が散見されたことや、実質的意義が感じられない規定があると気付いたことである。

　考えてみれば、地方分権の精神を具現化すべき地方議会が、中央で作られた標準案に準じて足りるとすること自体が自己矛盾である。だが、多くの議会では、会議規則の全国横並びを維持することを優先し、実務の方を整合させようとしているような印象さえ受ける。

図　大津市議会例規構成の再編
　　～市民に開かれたわかりやすい議会運営を図るために～

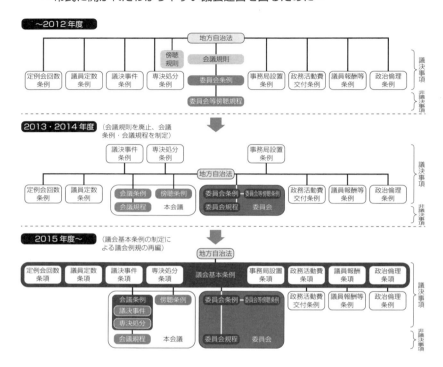

　しかし、例規はあくまで手段であり、目的ではあり得ない。大津市議会が「標準」に頼らず、自らの考えを具現化した会議規則条例化のポイントは、以下のとおりである。
（1）市民の権利保障向上の観点
　市民の権利である「請願」や市民に拘束力を及ぼす規定は、議会でしか制定改廃できない規則ではなく、市民の直接請求によって改正可能な条例で定めるべきである。
（2）「形式的効力の原理」の観点
　「会議規則」と「委員会条例」の形式的上下関係は、一般的な法体系（法―条例―規則）の関係性と異なるが、独自体系を採用する実体的利益に乏しい。

（3）機動的運用と「見える化」の観点

　手続き条項などは議長告示である「会議規程」に移し、改正に議決を不要とすることによって機動的な運用を可能にするとともに、「先例」「申し合わせ」などの内容もできる限り「会議規程」に移し、市民が容易に具体的な議会運営ルールを知り得る状況を実現する。

　そして2015年4月には、「重要事項はそれを見ればすべてわかる基本条例」をメインテーマとした議会基本条例を制定し、再度、議会例規の構成を図のように改めた。

5　事務局職員に求められるのは「突破力」

　議事運営に限らず、議会の世界では執行部にも増して広い意味での「先例主義」が定着している。先例によることは、過去の事例に倣うことで不測の事態を防止し、円滑な事務執行に資する一面もあり、そのこと自体が全否定されるものではない。問題は、条件反射的にそれに倣い、対応の適否について改めて考えようとしない「思考停止症候群」とでも呼ぶべき状態に陥りがちとなることである。

　先例は、一般的に過去の状況において先人が最適解として判断したものに過ぎず、現在の状況に照らしてもそうであるかは、多くの場合、別問題である。つまり、現在の最適解であることを検証した上で、先例どおりの対応をすることには何の問題もないが、時として「伝統」を守るという大義名分の下で安易に先例に倣い、結果的に時代にそぐわない判断となることがある。

　今、全国の地方議会は、議会改革の大きなうねりの中にあり、それを支えるべき議会事務局職員に求められる資質も変わってきている。しかし、それは決して特殊な技能や知識などではなく、「先例」「標準」「横並び」などに該当しないことを恐れず、障壁をものともしない「突破力」であり、また、それを支える「やる気」だけではないだろうか。

（文責：大津市議会局議会総務課長　清水克士）

10 現状にとらわれない改革レベルに引き上げるために

Q 2015年4月の統一地方選挙では低投票率や議員の成り手不足など議会の劣下が目立ったが、二元代表制における議会の役割を果たすためには、今後どのように議会改革に取り組めばいいか？

A 議会改革は二元代表制としてのあり方を追求していくことであるから、それぞれの議会において、議長の任期、政策決定の質の向上、政務活動費の適正な使い方など、議会改革のレベルを上げて取り組む必要がある。

解説

　2014年、自治体議会において全国的に大きな話題となったのは、東京都議会の「セクハラ野次」事件や兵庫県議会の「号泣議員」事件等であった。その影響もあって議会に対して市民から厳しい批判が寄せられ、議員定数削減や議員報酬・政務活動費の減額を強いられているような状況である。

　筆者は、このような動きは、自治体議会の権能を今まで以上に小さくすることにつながり、憲法が要請している「二元代表制」における議会と首長の力のバランスが、さらにより大きく首長側に傾き、わが国の民主主義の発展にとっては残念な方向に向かいつつあるのではないかという認識に立っている。

　そこで、筆者は、それぞれの自治体議会には、ぜひ「議会改革のレベルを上げて」[1]取り組んでほしいと思っており、その具体的な方策等について個人的意見を述べさせていただきたい。

1　「自治日報」(2014年9月26日) 神原勝・北海道大学名誉教授の論考参照

1 執行部と対峙するには議長の任期は2年以上

　議長の任期は、全国の市議会では半数ぐらいの議会が申し合わせ等により2年とし、任期4年も2割弱ぐらいある[2]が、都道府県議会では多くが1年任期となっている。二元代表制であれば、首長の任期4年に抗して、議会も議長の任期はなるべく4年、少なくとも2年として議長のリーダーシップを発揮し、首長と対峙して政策の競い合いをすべきであろう。

　都道府県議会で改革のトップランナーとされる三重県議会は、2009年5月から議長任期2年を申し合わせていたが、いつの間にか任期1年となっている。これでは議会改革に逆行していると思われるので、やがては任期4年となることを期待したい。

2 議会が声を発してこそ政策決定の質が高まる

　上記で「首長と対峙して政策の競い合いを」と述べたが、議会が政策を作ることは大変であり、作る必要もないという意見があることは承知している。また、政策形成に対する議員や議会事務局職員の意識が浅く、首長部局に比べて政策提案や政策提言を行うような環境整備がなされていないのも事実である。

　しかしながら、議会の大きな役割の一つに政策決定（議決）があるのだから、議会は、できるだけ政策の質を高める、効果的な政策決定をすべきである。

　具体的には、単に首長から提案される予算・条例等の無修正可決を繰り返す追認機関的な議会ではなく、必要ならば予算修正・条例修正を行い、住民ニーズに合致した政策決定をすべきである。

　首長提案の政策は、完璧な政策ばかりではなく、より良い政策はある

2　全国市議会議長会「14年度　市議会の活動に関する実態調査結果」

はずだと認識すべきである。執行機関側は、自分たちに有利なように政策を組み立ててくるのは当然であり、住民ニーズとは必ずしも一致しない。議会にとっては、その間隙を埋めて首長提案の政策を補完し、代替案を出すのが役目であり、政策の質を高めるのが議会の使命であると自覚すべきである。

3 政務活動費の問題は議長・事務局ともに責任重大

　兵庫県議会の号泣議員事件を受けて、政務活動費に対する住民の視線はより厳しくなり、同県議会のように政務活動費を減額したり、また他の自治体議会では廃止すべきではないかという議論も出てきている。

　しかしながら、政務活動費は、議会（議員）が政務（政策）調査などを行い、質の高い政策決定を行うためには必要不可欠であり、不要と考えるべきではない。むしろ、議員の不適正使用の問題が起きないように、議会として「政務活動費とは何か」という根本問題を徹底して議論し、認識を改めるべきではないか。

　議会事務局職員は、政務活動費とは何かを理解しようとしない議員に対しては、議長の指示のもと理解するまで徹底して説明を繰り返すべきであろう。筆者は、事後に問題となり、議員の不適正支出が疑われるような報告書の提出をやむを得ずに受理することは議長（事務局）として責任重大であると考える。

　兵庫県議会は、政務活動費の条例改正により2014年10月に「政務活動費調査等協議会」を設置し、2015年1月には同協議会に事務局を設けた。同協議会は事実上、議会に設置した「附属機関」といえるが、本来は、このような第三者機関を設けずとも議員自らが政務活動費の適正な支出を心がけ、その成果を住民に示すことが先決である。

4 議会・議員評価は誰が行うのか

　近年、議会基本条例の規定に基づく議会評価・議員評価が注目されている。例えば、徳島県議会の議会評価のほか、嬉野市議会（佐賀県）や芽室町議会（北海道）なども議会基本条例に即した議会改革の評価を行っているようだ。また、議会としての評価だけでなく、福島町議会（北海道）の「議会白書」には、議員の自己評価が掲載されている。

　ただ、議会・議員評価を誰が行うかという問題もある。議員の自己評価は甘くなりがちであり、今後は、第三者の評価がどうしても必要となってくる。

　この点につき、相模原市（神奈川県）の市民団体が議会の傍聴者から見た評価を「議員通信簿」として公表している[3]。愛媛県の市民団体が特定の政策問題に対して全議員の活動につき評価の点数を付けた議員通信簿を公表しているのは面白い取組みといえる。

　今後はこのように市民が議員を評価して、議員選挙の際に一つの判断材料とするような政治文化が醸成される方向に向かうと思われる。

5 他の議会と連携した問題解決を図る試み

　今日再び脚光を浴びている自治体間連携・補完における新たな議会の役割を考える上で、三重県地方自治研究センターでは、県内29市町議会のうち広域的な市町圏域で「自治体議会改革を考える集い」を開催している。

　第1回は2014年10月に熊野市で、2回目は2015年2月に桑名市で開かれた。近隣の市町議会議員と議会事務局職員、また管内の県議会議員も含めて地域が直面する議会の問題解決に向けて議論するという自治体議会同士の連携は、議会改革を進める上で今後は大いに活用すべきだろう。

3　相川俊英『トンデモ地方議員の問題』（ディスカヴァー新書、2014年）143頁以下

6 事務局法務機能の共同設置で議会の質を高める

　議会が政策決定の質を高めていくためには議会事務局の充実強化は不可欠であるが、現行の事務局職員体制の現状を変える手段の一つとして、筆者は「議会事務局政策法務課の共同設置」を提案した[4]。議会の政策機能強化や事務局職員の専門性強化が狙いだが、実際に大分県南部地域の市議会や滋賀県湖南地域の市議会等で検討の俎上に載せられたようだ[5]。

　この政策法務課の共同設置は、事務局職員の人事の問題もあり首長の理解が不可欠であるが、自治体議会にとっては、首長優位の現状からよりバランスのとれた二元代表制を実現し、議会改革のレベルを上げるためにも、首長と協議の上、ぜひとも実践していくべき課題だと考える。

　　　　　　　　（文責：三重県地方自治研究センター上席研究員　髙沖秀宣）

4　拙著『「二元代表制」に惹かれて』（公人の友社、2013年）110頁以下
5　湖南市議会における市長答弁（2012年12月10日定例会議事録）参照

11 議会と首長の適度な距離感と議会事務局の役割

Q 議会と首長は地方自治の「車の両輪」といわれるが、議会改革に首長が関与する余地はあるのか？ その場合の議会事務局の役割はどのようなものか？

A わが国の地方自治制度では、議会の権限と責任は大きいにもかかわらず、議会自身がそのことに気付いていないことが多い。首長からの気付きの働きかけは大切で、議会事務局にはその架け橋の役割を期待したい。

解説

首長の側から議会を論じることは極めて冒険心に富む営みである。しかし、2014年は、地方議会議員の不祥事が度重なり、同年9月24日のNHK「クローズアップ現代」でも地方議会不要論が6割にまで高まったと触れられた。そこで、当研究会では数少ない首長会員（湖南市長）である筆者が、議会に求めてきたこれまでの改革提案をまとめてみたので参考にされたい。

1 地方議会の秘めた可能性

明治大学大学院の山下茂教授は、地方議会の権能を国際比較して、わが国では「議会が実際に果たしうる機能は相当広い範囲に拡大しうる」とその可能性を指摘している（『体系比較地方自治』（ぎょうせい、2010年））。

近年の地方分権改革の進展に伴い、住民自治によるガバナンス（統治）強化が求められており、そのためには首長とは別の選挙制度で選ばれる合議体である議会の権能をさらに広げることが大事である。

本来、議会は地方自治法（以下「法」という）96条により、自治立法の制定改廃や予算議決など自治体の広範な意思決定権限を有している。2000年の機関委任事務制度廃止以降、首長が自治体を代表、統括（法147条）するとしても、重要な意思決定は議会に委ねられ、首長は事務管理と執行を担う（法148条）に過ぎないと考えている。
　すなわち、議会の意思決定の質を高めることこそが、ガバナンス強化の鍵なのである。

2 議会執行部連絡会議を新設した事例

　議会改革はひとり議会だけで完結するものではない。そして、大抵の議会改革は首長にとって厄介な存在である。しかし、自治体のガバナンス強化のためには、議会での議論の質的向上と合意形成能力の強化は不可欠であり、議会改革は議会側だけの問題では収まらない。
　そのため、湖南市においては、首長側からもできるだけ改革提案を試みてきた。
　2011年12月には、議会サイドと執行部の意思疎通を円滑にするために「議会執行部連絡会議」を設置した。これは、正副議長と市長、副市長を構成員とし、オブザーバーとして議会事務局長、総務部長、市長公室長が加わり、要点筆記による発言メモを作成するという「ゆるい会議」である。
　議会と執行部で毎月交互に主催しているが、オブザーバーである議会事務局長からの積極的な改革提案もあり、公式の場での意思疎通不足による多くの摩擦を解消している。
　また、決算審査改革の一環として、2012年度予算編成時に市長が議会による事業仕分けの研修費と実施経費を予算追加したが、議会は同年7月1日に議会基本条例を制定し、そこに事業評価の実施と評価結果の予算反映を書き込んだ。現在では決算常任委員会が設置され、議会事務局が調整しながら議会による事業評価が行われている。
　その決算評価をよりよい政策提案につなげるためには、政策法務力の

強化が不可欠である。そこで、近隣の4市と一緒に「政務調査課」の共同設置ができないかを議会執行部連絡会議で提案してみた。議長も近隣議長間で共有してくれたが、これは首長側の理解が得られず頓挫した。

一方、狭隘な議会図書室を代替して市立図書館を活用し、レファレンス（照会）機能を議会事務局に持ち込むことで議員の政策形成能力向上に貢献させようと議会事務局への司書配置を提案してみたが、機が熟していないということで断られ、2013年度には市立図書館司書2人の議会事務局への兼務発令するにとどめた。

3 議員もプチ予算編成が可能になる部局枠予算制度

そして、やはり自治体経営の醍醐味は予算である。住民生活に直結したサービスの基本的な方向性や枠組みは予算で定まる。しかし、近年の財政硬直化で、議員が住民要望を受けた身近な案件についてさえも予算化できない場合が増えてきている。

今から8年ほど前、湖南市はかなり厳しい財政状況にあり、緊縮予算を組み続けた。部局枠予算制度を導入し、各部局に予算キャップ（上限）をかけた。緊縮型なので、どうしても行き届かないところが出てくる。

そこで、2007年度予算編成では、普段から市民と接している議員の目で気付いた小さな施策について、枠を提示してプチ予算編成をしてもらおうと考えた。

表　湖南市議員提案による予算の例（2007年度）

- 青少年を対象にした健康づくりおよび福祉講座（300千円）
- 飲酒運転防止のためのワッペンの活用（150千円）
- 児童公園に小屋・ベンチの設置（500千円）
- 太陽光発電学習事業（600千円）
- 外国人児童に対する言葉の支援加配事業（200千円）
- 骨密度測定による骨粗鬆症啓発（600千円）
- 廃プラスチック還元装置による環境教育啓発（400千円）
- 間伐材ベンチ設置事業（500千円）

標準財政規模約110億円の小さなまちだが、お金のない時期だったことから、24人（当時）の議員1人当たり20万円の予算枠を用意して480万円、議長にはもう20万円を上乗せして、全部で500万円相当の予算提案を議員から受けようとした。

　たった20万円だが、単発の地域課題を解決するためには十分に使いようがある。また、その20万円を元手にして依存財源を探してくることも可能にしたため、会派でまとめて総額を増やしたり、県の補助金を探してきて倍額に膨らませたりした取組みもあった。

4　予算調製権と提案権のあり方を巡る攻防

　ただ、「議会は市長に予算要望をするもので予算提案するものではない」と真面目に反発する議員もいた。反対のための反対を唱える議員は「首長に専属している予算編成権を議会に渡すことは地方自治法違反だ」とわざわざ総務省に通報したものの逆に違法ではないという回答を引き出してしまった。適法であるにもかかわらず、採決では一般会計当初予算はわずか1票差という薄氷を踏む思いの可決であった。

　執行については、提案した議員と執行部の間に議会事務局が入り、調整を行ったが、2008年度予算編成以降は、議会内に波風を立てないでほしいという議会側からの「要望」を受けて取りやめた。予算調製権と提案権のあり方をめぐり、わが国の地方議会制度を大きく変えようとする意欲的な試みであったが、時代を先取りしすぎたと反省している。

5　議会改革は予算改革

　その後、議会は、議員が半数ずつ予算常任委員会と決算常任委員会に所属し、2年ごとに交代して、予算審議から決算審査までを担当する仕組みを導入した。そこで、2015年度予算編成に際して、議会事務局と相談しながら、議会改革推進のための事業や議会基本条例に定める事業評価結果を予算に反映するための予算事業提案に限り、「特別枠」として

議会側に総額提示したいと提案してみた。

　筆者は、予算はあくまでも予定される金額枠であり決定ではないことから、より良いお金の使い方の大枠や方向性をもう少しゆるやかに議会と共有したいと考えたが、理解を得るところまではいかなかった。

　財政がひっ迫する中、財源に対して政策課題の優先順位をつける思考が求められている。予算調製権・提案権が首長に専属する中で、限定された議員予算提案制度は、財源配分のトレーニングにもなり、決算審査へのサイクルにもつながる。

　議会改革に必ずや資し、自治体としてより良い意思決定ができるのではないかと考えている。

　それを支えるために、議会事務局が議会と執行部の架け橋になってほしいと願っている。

（文責：滋賀県湖南市長　谷畑英吾）

事例研究 長崎県議会における通年議会の廃止

2012年の導入から通年議会を2年で廃止

　長崎県議会は通年議会を全国の都道府県議会で最初に導入した（2012年4月1日施行）。導入を巡って議会の意思は2つに分かれ、賛否の数は、賛成24人（改革21＝民主党、社民党、無所属＝14人、自民党5人、新生ながさき3人、共産党1人、無所属愛郷の会1人）、反対20人（自民党・県民会議17人、公明党3人）で僅差であった。

　2011年の統一地方選挙後、県議会最大勢力であった自民党の分裂を機に、民主党13人、社民党1人、自民系6人、無所属3人で県議会史上初の連立会派が誕生。最大会派となり、議会改革が一気に加速した。

　議会改革特別委員会が設置され、議会基本条例の検討ワーキンググループも立ち上がった。

　通年議会の導入も検討され、特別委員会、ワーキンググループで計10回の議論を行った。県内3カ所で県民の声を聴く「公聴会」も開催した。2012年3月16日、議会基本条例が全会一致で制定され、同日通年議会も可決。併せて広聴広報協議会、条例制定協議会も設置された。

　しかし、2012〜2013年度の通年議会2年間の成果や課題も検証されないまま、2014年2月25日、自民党会派から通年議会の廃止案が提出され、賛成26人（自民党22人、公明党3人、無所属愛郷の会1人）、反対18人（改革21・新生ながさき17人、共産党1人）で廃止が決定した。

通年議会で議員提案条例など多くの成果があったが……

　この導入から廃止までの2年間の議会の状況、それに伴う議員への影響について述べたい。

　新たに設置された広聴広報協議会では、議会事務局任せであった議会広報紙作成を議員自ら行うようになった。議員が記事内容を議論し、登壇した議員に原稿依頼をし、校正まで行った。

　しかし、次の課題としてテレビ広報、県議会フェイスブックページ導入

の議論が始まった矢先に、通年議会廃止が決まり、基本条例に規定された広聴広報協議会の廃止も決定。今は以前の事務局任せの議会広報に後退してしまった。

一方、条例制定協議会は、関係者との意見交換会を複数回開きながら、障害者差別禁止条例「障害のある人もない人も共に生きる平和な長崎県づくり条例」を作成。2013年5月に全会一致で成立、2014年4月1日に全面施行された。『季刊　福祉労働141号』(現代書館、2013年12月)で、「これまでの差別禁止条例の中で一番の出来」と高く評価された。

次いで、県内で生産される農水産物、工業製品、提供されるサービスまで含んだ広い意味での地産地消を推進し、経済活性化と県民所得の向上を目標に「県内経済循環の推進に関する条例（仮称）」の制定をめざした。この条例制定に向けて、各派合意が確認されたが、協議会廃止により、継続して取り組めなくなった。そこで、我が会派「改革21・新生ながさき」のワーキングチームが引き継いだ。

また、一般質問の機会を従前の任期中4回から5回に増やし、定例会ごとの常任委員会審査日数を4日から10日に拡大することを決めた。これにより、参考人招致、迅速な現場視察、集中審査など充実した委員会活動が可能となった。併せて、審査日延長による職員の負担軽減を目的に委員会を「完全通告制（議案を除く）」にした。

筆者は、通年議会導入後1年目の総務委員会委員長を務め、委員会運営の舵を取らせていただいた。10日間の審査日を活用し、委員間協議を行い、緊急性のある案件、重要な案件、タイムリーなもの等の集中審査、現地視察等を積極的に行った。

その中でも、常任委員会発議では初めてとなる防災基本条例「みんなで取り組む災害に強い長崎県づくり条例」制定に向け、毎議会集中審査を行い、参考人招致も実施した。委員長、副委員長、防災担当者、議会事務局で計8回の議論を別途重ねた。同条例は全会一致で成立した。筆者は通年議会があったゆえの成果物だと自負している。

「地域活動ができない」という声が上がる

次に、通年議会導入の負の側面について見よう。議員全員が出席する本会議、予算決算委員会、常任委員会の日数は2011年（通年導入前）52日間、

2012年（通年議会）79日、2013年（同）62日。この他に議会運営委員会、複数の特別委員会や協議会、委員長会議、各派代表者会議、協議会視察等すべての議会日程（議員研修を除く）を入れると、2011年162日、2012年186日、2013年143日であった。

　自民党は通年議会廃止の理由として「地域活動ができなくなり、地元の声を県政に反映することもできなくなった」と主張した。しかしながら、今は交流サイト（SNS）やメール、電話、および地元スタッフなどを活用すれば、緊急性のある事態への対応は可能で、夜間や休日も使えば問題はなかったと考える。議員の本分とは議会人としての仕事が最優先であるという原則に立ち返るべきだ。

　以上が通年議会2年間の状況である。なお、通年議会に伴い、議会費の増加が予想されたため、2年間、議員一人当たり年間105万円の報酬の削減を行い、約1億円を議会活性化のために使ったことを申し添えておく。

今もって通年議会の検証は行われず

　自民党会派による通年議会の廃止は、導入時に全会一致ではなかったこと、通年議会推進会派が改革を断行したこと等により、「良し悪しではなく、一度リセットする」という思いが強くなったためという。

　この言葉は実際に自民党議員から聞いた。とはいえ、導入時には、県民の声を聴く「公聴会」を開催し、特別委員会で度重なる議論を行ったことを考えると、議会として一度議決した通年議会を検証も行わずに廃止したことは、暴挙としかいいようがない。

　通年議会の"屍"を超えて、長崎県議会がこれからめざすべきものにヒントを与えてくれたのは、早稲田大学マニフェスト研究所の「議会改革度調査2013ランキング」（2014年6月公表）である。長崎県は都道府県議会で総合6位となり、九州では1位となった。しかし、全自治体の順位の内訳を見ると、情報公開246位、住民参加171位と、情報公開と住民参加は弱かった。したがって、通年議会廃止の際に住民参加が欠落した点を反省し、住民参加や情報公開の面でも改革を進めていきたい。

　今は残念ながら、「県民不在の議会」となっており政争が続いている。県民から陳情、請願があっても、出所（どこの会派からか）によって通るべきものも通らない状態になっている。この状態が続くようでは、県民は

不幸である。

　通年議会は廃止されたが、今後も議員各自が初心に還り、「県民の代表であること、県民のために政治を行っていくこと」を胸に再結集し、「県民のための議会」として是々非々で切磋琢磨していきたいと思っている。

（文責：長崎県議会議員　山田朋子）

第 2 部

ここまでできる！
議会事務局の役割

1 いまなぜ議会事務局の改革が必要なのか

Q 議会改革について事務局職員としてしっかりサポートしたいと思うが、勤務している事務局は旧態依然としていて、十分なサポート役を果たせるか不安である。この現状を変えるにはどうすればよいか。

A 議会事務局は、議員のサポート役だけでなく「住民と議会をつなぐ」存在としても役割を果たすべきである。そのためには、事務局自体の改革とともに事務局に対する議会関係者の意識も変えねばならない。

解説

　議会事務局の充実強化の必要性は、これまでの地方分権改革に関する諸提言においても繰り返し主張されてきた。しかし、近時の議会改革において、議会事務局をめぐる問題は、その対応が一番遅れている領域であろう。議会の中には、議会事務局の充実強化の必要性を認識していないものもあるだろう。これは、議会改革における議員の関心が事務局にまで及んでいないことを物語っている。

1 「事務局の充実強化」から「事務局改革」へ

　本研究会では事務局を取り巻く様々な課題を検討してきたが、事務局の充実強化を行うには、それと平行して事務局の改革に取り組まねばならないことが次第に明らかとなった。そして、事務局改革は、議会事務局の位置付けあるいは役割の変化を認識した上で取り組まねばならないことをここで指摘しておきたい。これは、最近になって、議会改革の重

点が、議員間討議の充実に代表される議会審議の活性化や政策立案機能の強化などのいわば議会内部の事項から、住民の議会への参加をキーワードとする住民と議会の関係構築へと移行していることに関係する。

　議会内部で解決しうる改革課題と異なり、住民との関係構築は、議会にとって難題であるといえる。なぜなら、住民の議会への評価が概して低く批判的であることに加えて、議会側がこれまで住民の声を議会に反映させる手立てをほとんど講じてこなかったこともあり、住民の関心を議会に向けさせることは容易ではないからである。
　住民と議会の関係の構築という課題に対する取組み、例えば、出前議会や議会報告会などの実施は、最近になって急速に拡がっているが、そうした取組みの実施運営には事務局の協力が不可欠であるし、そもそも議会が総体として「住民と向き合う」ことに議員が慣れていないために、かかる取組みを成功させるためには議員と議会事務局が一体となることが求められるのである。
　住民と議会との関係の構築は、事務局としても、単なる議員のサポートとはやや次元の異なる課題――その意味では事務局の本来的な任務を超えているが――であるといえる。すなわち、それは、当該議会の活動情報を住民に伝達するというアウトプットと議会への住民参加というインプットの両方の役割を果たすことが求められるのである。
　この役割は、議会事務局職員に否応なく住民を意識することを促すことになろう。この課題において議会事務局は、やや象徴的にいえば、「住民と議会をつなぐ」存在になることが期待されているといってよい。
　こうした議会事務局の役割の変化に十分に対応するためには、議会事務局を改革していくことが必要であり、改革を実現していく中で事務局の充実強化も達成できることになろう。

２ 事務局改革論の目的と対象

　以下では、事務局の改革論について、その目的と対象の面から整理し

ておきたい。

（1）改革の目的ないしは方向による区別

①議会機能強化のための事務局改革

　改革の目的によって区別する場合にまず挙げられるべきは、従来から主張されてきた議会改革の一環としての事務局の充実強化の議論である。すなわち、この議論の目的は、議会の政策立案機能の強化や議会審議の活性化に対応する議会事務局の充実強化である点で共通する。もっとも、当該議会の議員が考える改革の方向性や内容によって、事務局が対応すべき充実強化策にも違いがでてくることになる。しかし、このために、この目的の範囲内で事務局の充実強化論が終始してしまい、議会改革のための「条件整備」論になってしまう恐れがある。

　もし、単なる条件整備にすぎないのであれば、事務局が主体的に改革に取り組むことにつながらないのではないかという懸念が残る。

②事務局独自の課題解決のための改革

　これは、①の議会機能強化のための事務局の充実強化と矛盾するものではない。むしろ、議会機能の強化の要請を大きな契機として、各事務局が抱えるそれぞれの課題を自覚して、その解決に取り組むことを指している。したがって、課題は各事務局により当然異なることになろう。また、事務局独自の課題であるため、①と異なり、事務局職員が主導してなされるべき改革であるといえる。

（2）改革の対象による区別

①事務局をめぐる構造的な課題を対象とする改革

　事務局改革というときに、何を改革するべきかという観点から考えると、まず、人事や予算といった事務局組織に関するものに加えて、議員と事務局の関係、事務局と執行部局の関係など、広く事務局のあり方に係るものが挙げられる。事務局のあり方についての改革課題は、それが事務局の任務とかかわってくる場合には法改正が必要となるものもあろう。しかし、現行制度の下でも、事務局の取組み次第では当該課題を改

革改善しうるものがあるように思われる。いずれにせよ、改革すべき課題の抽出と、課題解決のために優先順位をつけることが手始めとなろう。

②事務局職員の意識改革

　①に挙げた事務局改革を遂行するためのいわば前提として、議会事務局職員の意識改革が重要になってくる。職員の意識改革なくして①の事務局の構造的課題の解決はあり得ないだろう。しかし、事務局職員といっても執行部局から「出向」しているという意識が多くの事務局職員の根底にあるため、これが意識改革ひいては事務局改革を困難にしているのではないかと思われる。

　意識改革や職員のやりがいの問題については、事務局職員も、執行部局の職員と同様に当該自治体の住民のために公務を遂行しているという意識を持つことを強調すべきであると本研究会では考えている。これは当然のことなのであるが、事務局職員は「議員のサポート」という意識が強く、そのために住民の存在はどうしても忘れがちとなる。事務局職員といえども住民のために公務を遂行しているという自覚を持つことで、自らの改革課題として事務局改革に取り組むことができるのではないか。

3　事務局改革の実現に向けて

　事務局改革全体にかかわるいくつかの視点を以下に提示しておきたい。

　議会改革の進展について、議員だけでなく議会事務局のサポートがなければその実現が困難であることは、今や共通の認識であろう。

　同様に、議会事務局改革も、事務局職員の取組みだけでは実現しないと思われる。すなわち、事務局改革の実現には、議員の理解が必要であり、とりわけ事務局を統轄する立場にある議長の役割が大きいと思われる。事務局改革は、執行部局にもかかわる制度上の問題もあり、また持続的な取組みを必要としている。つまり、事務局内部で解決し得ない課題も抱えているのであって、こうした課題の解決に当たっては議会を代

表する議長の理解と協力は欠かせないだろう。

　次に、事務局の中に改革に意欲のある職員がいても、当該議会事務局職員間の合意がなければ改革を実践することは困難であるように思われる。こうした状況を打開するためには、改革を志向する他の議会の事務局職員とのネットワークの構築が必要であろうし、現実にそうしたネットワークが形成されつつある。議会改革において改革の進展をめざす議員間のネットワークが大きな役割を果たしているように、事務局を超えた職員相互のネットワークが事務局改革を展開する大きな支えとなる。

　事務局改革も議会改革の中に含まれる以上、事務局改革の必要性も、最終的には、議会が総体として首長と対峙しうる地位とその機能を十全に発揮しうる状況を獲得するためである。

　こうした事務局を改革することの意義を確認した上で、議会関係者にとって事務局改革の必要性が共通認識になることが望まれる。

2 議会と事務局に課せられた役割とは何か

Q 議会改革を進めていく場合には、議員、議会事務局職員は、それぞれどのような役割を果たしていけば良いか?

A 議会と事務局にとって重要な役割は、議会として住民ニーズを把握した、政策立案・政策提言である。これらができるように、議員と事務局職員の両方に、その資質の向上が求められる。

解説

　議会は、一人ひとり異なった考え方を持った議員の集合体である。各議員は、住民の間にある多様な民意、その多様な民意を反映させるため、議会における討議・協議を通して調整し、議会として意思決定をしていく。そのことが議会として期待されている。

1 議会の役割を再認識する

　しかし、議員の職は、元自治体職員、元教職員、自営業者、会社員などと、その経歴も年齢も様々な人たちである。そのため、自治体の政策について監視・評価を行っていく上での知識レベルは様々である。

　専門化、高度化した行政に対し、地方議員は、行政の素人として、執行部から提案される議案等に対して疑問を呈し、意見を発し、執行機関を監視・評価するのであるが、それだけに止まれないのが、今の地方議員に課せられている責務ではないだろうか。

　また、地方議員には、オープンな場で、他の議員にあるいは住民に説明をする場を設けることも必要である。例えば、議会で行われる会議の公開、常任委員会および特別委員会に「議員間討議」の場を設定する、(特

定のテーマに基づく）「検討会（すべての会派・交渉団体の議員で構成）の設置、議会報告会の開催などの仕組みづくりである。

都道府県議会議長会では、地方自治法を改正し、議員の責務について、規定することを提案している。

二元代表制の下、住民の代表として選ばれている議員は、首長とともに住民の負託にこたえる責務を負っている。

今、地方議員には、行政の素人を脱皮した能力が問われている。片手間ではできない議員（議会）活動が求められているのではないか。

そのためには、議会で効果的に活動（本会議における一般質問、常任委員会における予算・決算および条例案の審査・調査等々）ができるような知識・能力を議員が身につけていかなければならない。それが今、求められている。

2 議員、執行部のアンケートから見た「議会の実態」

地方議会議員には政策スタッフがいないこともあり、政策立案能力は、執行機関に比べると著しく低いといわれている。その一例として、議員提出による条例の立案数が極めて少ないと指摘されているところである。地方議会も当然ながら立法機関であることを忘れてはならない。

三重県議会において実施された議員アンケートによれば、議会改革に対する評価は全体的に高いものの、その中では、議員間討議の充実についての評価が最も低いとの結果が出ている。その理由として、①会派拘束の問題、②委員会運営の手法といった構造的問題、③議員が討議に慣れていないことや、論点が明確になっていないなど、議員として最も基本的な課題が提起されており、県民から見て嘆かわしい事態だと批判されている。

また、執行部職員に対してもアンケート調査が行われており、その中では、（県議会の監視・評価機能などを発揮する上で）議員の資質向上を期待するという意見が多く出されている。

議会は、言論の府である。しかしながら、このような実態が明らかと

なったことは、住民にとっては、誠に憂うべきことといわざるを得ない。一自治体議会におけるアンケート調査ではあるが、これまで筆者が対応した地方議員の多くの反応はほぼ似たものであると認識しているところである。

　余談ではあるが、住民からは、議会における議員の活動がよくわからないといった地方議員に対する不満や不信が強い。かつて名古屋市における市会議員に対するリコール署名（有効に成立）案件があったが、これはその一つの表れと捉えることができる。

3　事務局の役割を再構築する

　さらに、地方議員の資質向上とともに重要なのがそのサポートを担う議会事務局（職員）である。議員と事務局職員の切磋琢磨が求められる。例えば、議員からの依頼調査件数の増加を図るとか、効果的な自主レポートを作成して議員の政策立案をサポートすることである。

　なお、議会事務局の組織体制は、例えば都道府県や小規模な市町村とでは、大きく異なる。小規模組織では、自ずとできることも限られてくる。このことを補うため、またより効果的な提案等を行うためにも、これら自治体の枠を超えた事務局間での情報共有や勉強会を行うことが望まれる。

3 議会事務局の人事権を確立できないか

Q 議会事務局の職員は、執行機関の職員として採用された者が人事ローテーションの中で配属されるが、議会事務局としてできる職員育成の具体的な方策にはどのようなものが考えられるか？

A 執行機関から議会に配属される職員では、現実には人材育成がしにくいので、議会独自の職員採用や議会事務局の共同設置などが考えられる。本項では、その可能性を探ることとしたい。

解説

　議会事務局の職員については、法的にはその人事権は議長に属している（自治法138条5項）が、議会事務局職員の採用は、一般的には、執行機関の職員として採用された者が、執行機関の人事ローテーションの中で議会事務局に配属されている。この現状では、議長の人事権が実際に発揮されず、また、議会の政策形成機能や監視機能等に資する議会事務局職員の人材育成がされにくいことが指摘できる。

1 職員の独自採用とその課題

　そこで、議会事務局の全職員について、法的には人事権を持つ議長が直接採用し、任命することにするという考え方も可能ではあるが、実際上議会で審議する議案の大半が執行部の提出である限り、これでは、執行部の資料・データ・情報等の入手には制約が出てきてしまう。

　したがって、議会事務局の職員の採用に関して、現行制度のように全職員を執行機関の職員として採用し、執行機関の人事ローテーションにより配置するのではなく、その何割かの職員を議会事務局で独自採用し、

現行の人事派遣ローテーションの職員とベストミックスさせる考え方が妥当であろう。

　こうすることによって、議会独自で採用された職員は、議会事務局の事務に専念することができ、議会運営、企画調査、政策法務などの分野を専門的に担当すれば、議会事務局職員としての専門性は確保できるし、『地方分権推進委員会第2次勧告』（1997年7月）で指摘された「議会事務局職員の資質の向上と執行機関からの独立性の確保を図る」ことも担保されるのではないかと思われる。

② 議会事務局職員の独自採用の可能性を探る

　人事委員会等が行う職員採用試験において、試験区分に「行政職」あるいは「一般事務職」等と並んで、「議会事務職」を採用試験の採用職種に加える。

　具体的には、採用予定数は、多くの自治体の事務局の規模からしても「約1名」が妥当であろうと思われる。

　しかしながら、毎年1名ずつ採用するとなると、その採用後の配置や処遇の面で問題が生じることも予想されるので、3年に1度くらいの割合で「議会事務職」として採用することを検討する。

　具体的な議会事務局採用後の処遇については、例えば都道府県議会事務局レベルの規模の場合、一課3年程度で総務課、議事課、調査課と順に3課に配属された後（採用後10年程度）、1度、執行機関での事務経験も積ませるため、議会事務局から執行機関に人事派遣することにしたい。現在の人事ローテーションの逆である。

　そして執行機関において、3年ぐらいで2カ所程度（政策）事務を経験した後、再び議会事務局に配属することとする（15、6年程度経験）。今度は議会事務局では、主査（係長）クラスとなり、さらに3年程度で総務課、議事課、調査課に順に適材適所で配属させると、その間に課長補佐クラスに昇任し、10年程度経験を積めば、課長級に昇任時期となる。

　課長級昇任時には、ポストの関係で、そのまま議会事務局で課長級に

昇任させるか、再び2～3年、執行機関に派遣して課長級に昇任させる場合も考えられるが、その後、議事課長・調査課長・総務課長等を経て、次長から局長へと進み、議会事務局で退職となる場合が一般的に想定される。

　以上のような人事ローテーションを想定すると、多くの都道府県議会レベルでは、議会事務局で独自採用した場合でも人事の停滞は、ある程度避けられるだろう。

　また、最初から本人の希望により議会事務局に採用され、議会事務局で退職することが前提であるので、議会事務局の事務に対する取組姿勢も従来とは格段に違ったものとなる。これにより、採用の面から二元代表制を明確に意識したものとなることが容易に予想できるので、現在の事務局体制と比較すれば事務局強化策となり得るのではないか。

　なお、上記の場合でも、3年に1度程度の独自採用であれば、トータルで10数名の採用となり、事務局全体の職員数の半数から3分の1程度が独自採用職員となる。残りの半数以上は、現行どおり、執行機関からの派遣職員であるが、執行機関の情報も適宜必要なことを踏まえれば、適度な混在になるのではないかと思われる。

　一方、この方式を採用するに当たっては、当然、現行の人事権を握っている執行機関の人事採用当局との相互理解が不可欠であるが、採用数を増やすのではなく、従来からの採用枠を変えるだけであるため理解されやすいのではないか。

　ただし、議会事務職として議会で独自採用した場合の人事管理の実務的な面から考察すると、採用から退職まで議会事務局で人事管理が果たして可能であるかどうかも検討されなければならない。

　なお、同時に採用試験においては、「議会事務職」としての専門性を見極めなければならない。客観的な選考判断基準が必要となるが、現在は、首長部局で採用した職員の適性を見極め、人事派遣している状況から鑑みると、この場合においても採用時における議会事務職の専門性の是非は特段問題ではなく、同時に行われる「行政職」や「一般事務職」の判断基準と同程度で十分であろう。要は、採用時から「議会事務職」

としての職務に関する受験者への意識付けの問題である。そのためには、議会事務局が魅力ある職場として受け入れられる必要がある。

3 職員の広域的採用とその課題

地方自治法上、「一部事務組合」、「広域連合」、「協議会」や「機関等の共同設置」による採用等が考えられる（同法286条、291条の2、252条の2の2、252条の7）が、2010（平成22）年の地方自治法の一部改正法（2010年4月28日参議院可決）により、共同設置のできる機関等の中に、従来はできないものとされていた議会事務局も明記されるようになった。

この議会事務局の共同設置については、比較的規模の小さい市町村の議会事務局が想定されているようであるが、広域的な県レベルでの議会事務局においても検討していくべきである。

2010（平成22）年地方自治法改正以前には、議会事務局の共同設置に関して次のような反対論があったことも紹介したい。

議会事務局の共同設置に関して、「議会事務局の共同設置に関し、地方自治法の改正は必要ない。」との全国町村議長会意見（2009年12月28日総務省提出）があった。

その主な理由としては、以下の点が挙げられていた。

①実態面

議会は政治の場であり、機関の共同設置は合併の代替措置とも感じられるが、政治的な対立があって合併を選択しなかった自治体間で事務局だけの共同設置を行ったとしても、それぞれの議会が同じ方向を向いているわけではないから、現実問題として事務局は機能できないのではないか。

②地域主権の理念上

議会事務局を充実・強化するには、個々の自治体議会の事務局体制を強化することが先決であり、その上で、共同設置を検討すべきであり、考え方が逆である。

(1) 議会事務局の共同設置の実現可能性

　このように、全国町村議会議長会の反対意見はあったが、2011（平成23）年4月の地方自治法改正により、議会事務局も共同設置が可能となった。そこで、議会事務局を共同設置した場合、効率化が図られ、効果や成果がより期待できるし、また、人事の停滞も解消され、職員の専門化も進み、現在の事務局の状況よりも、事務局の活性化が期待されるのではないだろうか。

　なお、この場合、都道府県同士あるいは市町村同士で共同設置することがより適切であろうと思われる。より具体的には、関西を例にとれば、「大阪府・京都府・滋賀県」の2府1県議会の共同設置あるいは「吹田市・豊中市・箕面市・茨木市・摂津市議会」または「和泉市・岸和田市・河内長野市・泉大津市議会」等の隣接する市議会同士の共同設置が現実的に考えられるのではないか。

　ただし、単なる隣接する市同士というよりは、地理的要因や交通事情の状況で、「地域」の考え方が決まることから、地理的特徴を考慮した共同設置がより合理的であろう[1]。

　参考に、この議会事務局の共同設置についての有識者による過去の発言を確認したい。新藤宗幸氏（千葉大学教授・当時）は、新聞紙面において「自治体の監査委員事務局や議会事務局を一つに束ねる『一部事務組合』を都道府県ごとに作ることを提案」している。この方法によれば、県で組合を一つつくって職員を独自採用して、県と各市町村に派遣する。職員は都道府県知事や自治体の首長、自治体組織とは独立した立場で監査委員や議員を補佐できる、と説く（平成22年2月26日毎日新聞）。

　また、大森彌氏（東京大学名誉教授）は、「複数の都道府県、都道府県と市あるいは町村、複数の市あるいは町村、複数の町村が、一部事務組合、複合的一部事務組合、広域連合などにより、共同して職員を採用する。そして、その職員は採用を共同した都道府県、市、町村の議会事務

1　現行制度上、一部組合や広域連合の場合は、議会の事務を共同処理するため、一部事務組合や広域連合にも議会を設置する必要があるため、「屋上屋を架す」との反対説もある。

局に出向し、議長が任免する。そうすることによって、職員は事務局の事務に専念することができる。

その職員の数は、基本的には事務局職員の半数とする。残る半数は、現在と同様に執行部から出向し、議長が任免する。

また、共同採用され、事務局に出向した職員は、同じ事務局で少なくとも10年、15年と長期に在職し、議会運営、調査、政策法務などの分野を専門的に担当する。このことによって、議会事務局の独立性、職員の専門性が確保されよう（『分権時代の首長と議会』（ぎょうせい、2000年）263頁）」と、自著で述べている。

（2）全国都道府県議会議長会等による事務局スタッフの共同採用の可能性

全国的な採用の試みとして、全国都道府県議会議長会や全国市議会議長会・全国町村議会議長会等で議会事務局スタッフを共同採用し、各都道府県議会や市町村議会からの希望に応じ、事務局スタッフを派遣するシステムが考えられる。派遣する職員の研修は、同議長会等で行い、その専門性の確保を図るものとする。

4 専門的能力を持つ職員の期限付き採用とその課題

「地方公共団体の一般職の任期付職員の採用に関する法律」に基づき、多くの自治体で「一般職の任期付職員の採用等に関する条例」が制定されている現状に鑑み、議会事務局において高度の専門的知識経験または優れた識見を有する者を一定期間任用して特に必要とされる経験に従事させ、議会事務局職員の専門的能力の向上に資することが期待される。

この場合、例えば三重県議会基本条例の規定にあるように、「議会は、専門的な知識経験等を有する者を任期を定めて議会事務局職員として採用する等議会事務局体制の充実を図ることができる。」と条例等で規定することが望ましいであろう。

採用の具体的な内容としては、例えば、議員提出条例の「子どもを虐待から守る条例案」を検討する際に、どこまで行政が権限を行使できる

のか法的に争いがあるときにこれを審査するために、弁護士[2]や大学教授など専門家を一定期間採用する場合が考えられる。また、執行部が新たな公会計制度を導入する際に、議会が監視機関としての機能を果たすためには、新公会計制度をチェックする必要がある。その能力を有する職員を育成するため、公認会計士を期限付きで採用する場合などが挙げられる。

　このような場合、地方自治法100条の2に規定するいわゆる専門的知見の活用のように単に事務局外部に調査等を委託するのとは異なり、一定期間、事務局職員として任用するのであるから、その効果は大きいと考えられる。

2　現在、非常勤（月2回、1年契約）の一般職として弁護士を採用している議会事務局の例（東京都議会局）もある。

4 議長の人事権を強化するための方法はあるか

Q 議会事務局職員の人事について、任命権者である議長がその権限を発揮するために、当面できる突破策というものはないか？

A 議長が実際に人事権を行使するためには執行部側との協議が必要であるが、実際に議長の人事権発揮の突破口としては、以下のような事例がある。

解説

　議会事務局職員の独自採用等に関して、現時点では、実際に人事権を行使している首長執行部の合意を得るためには執行部側と協議の時間が必要である。

　したがって、当面は議長の人事権発揮の突破口として、以下のことを提言する。

1 特別職として議長の政策秘書を指定する

　議会事務局の政策立案機能の強化のため、地方公務員法3条3項4号に規定されている「特別職の議長の秘書の職で条例で指定するもの」として、政策秘書を採用すべきである。ただし、あくまで、議長（議会）に政策秘書が特別職として必要であることが執行機関の人事当局と協議され、その上で合意されていることなど人事面・予算面での制約があることは否めない。

　この場合、一般職で「議長の秘書」用務担当の職員は、多くの自治体で配置されていることから、「特別職の議長の秘書の職」とは、例えば、議長（議会）の政策立案機能を補佐する政策秘書的役割が期待される。

なお、近時の注目すべき動きとして、鳴門市議会基本条例[3] 2010（平成22）年6月30日可決・未公布）に次のような規定が見受けられた。

(議長の指定する特別職)
第25条　議長は、地方公務員法第3条第3項第4号の規定に基づき専門的な知識、経験等を有する者について議長を補佐する職を特別職として指定する。
2　前項の特別職の職名は、議会政策秘書及び議長秘書とする。この場合において、議会政策秘書は、常勤とし、議長秘書は、非常勤とする。
3　議会政策秘書及び議長秘書の任期は、次に掲げるとおりとする。
　一　議会政策秘書4年
　二　議長秘書1年
4　議会政策秘書の受ける給与は、給料及び期末手当とする。
5～8略

2 長からの人事権の独立の課題と可能性

　議会事務局の人事権は、地方自治法（138条5項）で「事務局長、書記長、書記その他の職員は、議長がこれを任免する。」と規定されているように議長に属しているはずである。
　しかしながら、現実の議会事務局の職員の人事権は、実質的には長が行使し、議長の人事権が発揮されない現状では、議会の機能強化に資する議会事務局職員が育成されない。このことから、議長が実質的に人事権を行使し、長から独立を図ることが要請される。
　また、全国都道府県議会議長会の報告書『地方分権と都道府県について』（1998年1月）の中で「議会事務局の独立性を確保するため、知事と

---

[3] 上記の鳴門市議会基本条例は、可決されたものの公布・施行されていないが、平成22年第4回定例会において提出された新議会基本条例案には、25条2項の特別職の職名は、議会補佐官と規定（修正）されていた。
　なお、この案件は最終的には、市議会が徳島県知事に自治紛争処理委員による調整を申請し、2010（平成22）年9月、自治紛争処理委員が示した調停案を市長・市議会双方が受諾し、調停が成立している。

の関係で議長が職員の任免について実質的に人事権を行使できるようにする」(12頁)とし、全国町村議会議長会は、『町村議会の活性化方策に関する報告書』(1998年4月)の中で「議会事務局の充実強化」の項目を設け、「できるだけ組織の充実を図り、できれば人事面での執行部からの独立性を確保し、研修等により事務局職員の能力を向上させる必要がある」(34頁)とした経緯がある。

(1) 議長か、知事か、不明瞭な退職辞令の発令権者

　職員の任免に関して議長の実質的な人事権が行使されていない例として、議会事務局長が退職する場合に、議長が退職辞令を交付するのではなく、当該職員を退職直前に議会事務局から一旦執行部局に出向させて、首長から当該職員に退職辞令を交付している例が見受けられる。

　このことは、2010年3月当時に都道府県議会事務局において、議会事務局長が退職した事例が20道県あり、このうち、議長から辞令交付された例が11道県、知事からの交付が8県で、1県は、議長と知事の両方から辞令交付されているようである（2010年7月電話照会による回答）。

　また、上記の場合、議長の人事権行使ではなくて知事からの辞令交付とする主な理由としては、退職手当金が議会事務局予算に計上されていないことや、退職辞令は、議長よりも地方公共団体を代表する知事から交付された方がより職員感情としては優越することなどであったが、これらの法的根拠は弱いと思われる。

　したがって、議会事務局の機能の強化に関し、事務局職員の人事任免権については、地方自治法に規定されているとおり、議長が実質的に行使すべきであり、このことによって、長からの独立を図るべきである。なお、議長の人事権行使の法的根拠としては、先の鳴門市議会基本条例でさらに次のように規定されていた例がある。

（議会事務局の充実）
　第24条　議会事務局の事務局長、書記その他の職員の任免は、法第138

> 条第5項及び地方公務員法第6条第1項の規定により議長に専属し、いかなるものも干渉してはならない。
> 2　議長は、地方公務員法第6条第2項により、同条第1項の権限をあらかじめ議会事務局の上級の地方公務員に委任することができる。

（2）公共政策大学院・法科大学院とのインターンシップ契約締結の事例

　公共政策大学院[4]・法科大学院の院生の中には、将来、地方自治体の職員への採用希望者も多く見受けられる。したがって、院生をインターンシップ契約により一定期間議会事務局スタッフに採用することで、この専門的知識や若い感性を生かすことを考えるべきである。

　議会事務局にとっては、例えば委員会の事前準備などの業務や議員提出条例の検討会などの事務局の法務スタッフの業務に、これら学生を事務局の一員として関与させることができ、このインターンシップの事例が事務局機能の強化や活性化にも役立つのではないかとも考えられる。

　また、インターンシップ経験者が、将来、当該公共団体への就職を志望する場合も想定され、その場合には、当該事務局経験が役に立つことは容易に想定できる。

---

[4] 公共政策大学院とのインターンシップ制度については、三重県議会は、2009（平成21）年度から毎年2週間2名程度の院生を受け入れており、そのうち2名がインターンシップ経験後、実際に三重県庁に就職している実例がある。

5 議会事務局の予算をもっと柔軟に運用できないか

Q 議会事務局の職員が執行するという意味での議会事務局の予算、すなわち議会費は都道府県では予算全体の0.2％前後に過ぎない。議会の予算は、もっと柔軟にできないのか？

A 現行制度では予算編成権・執行権は執行部側にあるが、議長に議会費の予算を編成し、執行する権限を付与すべきである。本項では、現状の課題と制度上変えるべき点を明確化することとする。

解説 ▶▶▶

1 予算の編成権の実際

(1) 長の編成権

　地方公共団体の予算全体を見ると、予算を調製して議会に提出する権限は、長に専属するものであり、長以外の者は提案できない（自治法149条2号、211条1項、109条6項ただし書、112条1項ただし書、180条の6、地公企法8条）となっている。これは、地方公共団体の財政運営の統一を図るとともに、責任の所在を明確にし、経理の適正を期するという予算の一元的管理の考え方であり、予算を議会に提出する権限が地方公共団体の長に専属することと不離一体をなすものと考えられているためである。

　教育関係の歳入歳出予算の作成については、地方公共団体の長は、教育委員会の意見を聴かなければならない（地教行法29条）が、この場合も予算の調製権は長にある。なお、かつては教育委員会に予算原案作成権が与えられていたが、後に現行の意見聴取制度に改められた経緯があ

る。また、地方公営企業の予算については、管理者が予算の原案を作成し、地方公共団体の長に送付することとされている（地公企法9条3号）が、この場合も予算編成は長が行うこととされている。

（2）議会予算の編成権

議会に関する予算の編成も、長が行うものであり、議員および議会には予算について議案提出権は認められていない。

このため、議会に関する予算については、執行機関の職員として併任を受けた議会事務局長および書記が、長の次年度の予算編成方針に従い、執行機関の一部門と同様に予算要求をし、長の査定の後、予算案が作成されている。

ある県における議会に関する通常の予算編成の流れは次のとおりである。

① 予算編成方針（10月中旬）
議会事務局で予算見積書を作成し、正副議長の了解を得る。
② 予算見積書の提出（11月中旬）
提出前あるいは提出後に、各会派代表者会議へ報告
③ 財政課による査定
④ 内示（1月中旬）
⑤ 部長・知事復活折衝（1月下旬）
⑥ 予算原案公表（2月上旬議会運営委員会終了後）
⑦ 議会への提出

ここでは、予算見積書の提出の前に、議会の意思が一定程度反映される手続となっている。また、長が財政改革等のために事業の見直しを行う場合は、事業の見直し要請を受けた議会が見直し内容を自ら決定し、その結果を反映した予算見積書を受けて、長が予算を調製するのが慣例となっている。

地方分権の進展により、地方自治体の権限、役割が増大するとともに、住民代表機関としての地方議会の役割も増しており、議会が住民に対する説明責任を果たしながら、政策立案機能、監視機能を一層発揮してい

くことが求められている。これに呼応して各議会において、様々な議会改革が進められており、そのために、新たな予算が必要となる場合があるが、そのときは、議会事務局長あるいは事務局長の指示を受けた議会事務局職員が執行機関の予算担当部局と折衝することとなる。

　議会の予算は、その多くが固定的経費であること、長もその編成に当たって、ある程度議会の意思を尊重してきたことなどにより、議会予算の編成権が今まで大きな問題となることはなかったが、長と議会という二元代表制でありながら、予算の一元的管理の名の下に、一方にその活動の基盤となる予算編成権がないことは問題である。実際に、長と議会が対立するケースを考えると、議会改革などの予算措置の点から議会活動に支障が生じることもあり得ない話ではない。

2　予算の執行権の実際

(1) 長の執行権

　予算の執行とは、国または地方公共団体の収入、支出を具体的に実行する一切の行為をいい、単に予算に定められた金額を収納し、支出することだけをいうものではなく、支出負担行為を実行すること、債務負担行為を実行すること、証券発行を行い、または借入金をなすこと、歳出予算の経費の流用を行うことなども含んでいる。

　地方公共団体の予算の執行権は、予算の総合編成者であり、かつ議会への提案権者である地方公共団体の長に専属すべきものとされており、地方自治法においても、地方公共団体の担任事務としてこれを規定している（自治法149条2号）。

　ただし、地方公営企業については、一般的に管理者を置くこととされており（地公企法7条）、地方公営企業の予算の執行者は当該管理者とされている（地公企法8条1項1号）。これは、地方公営企業の経済性を発揮するため、業務の執行と密接不可分な予算の執行に関する権限も地方公営企業の管理者に属させたものである。なお、かつては教育委員会が予算の執行権を有するとされていたことがあるが、その後制度が改めら

れ、教育委員会も他の行政委員会と同様となっている。

（2）議会予算の執行権

議会に関する予算の執行についても、行政委員会または委員と同様に、その執行権は長に属している（自治法149条2号）。

したがって、議会に関する予算の執行についても、執行機関の職員として併任を受けた議会事務局長および書記が、長の補助機関である職員としての資格において、議会に係る予算の執行権の委任を受け、あるいは補助執行をしている。

このため、政務活動費についても、予算の執行権者である長が議員等に交付する制度となっている。また、委託料や負担金補助および交付金、報償費、食糧費などの執行に当たっては、長の執行機関と同様に、財政担当課への合議が必要となる。

今後、政策立案機能、監視機能を一層発揮していくために、新たな予算が必要となる場合があるが、そのときは、議会事務局長あるいは事務局長の指示を受けた議会事務局職員が執行機関の予算担当部局と折衝することとなる。

先に述べた編成権と同様に、長と議会という二元代表制でありながら、予算の一元的管理の名の下に、一方の議会にその活動の基盤となる予算編成権がないことは問題である。

（3）議会予算の執行権が議会にないことの弊害

前述のとおり地方公営企業については、予算の執行者は当該管理者とされている。また、地方公共団体の長は、その権限に属する事務の一部を、当該普通地方公共団体の委員会または委員と協議して、委員会、委員会の委員長、委員若しくはこれらの執行機関の事務を補助する職員等に委任し、またはこれらの執行機関の事務を補助する職員等をして補助執行させることができるとされている（自治法180条の2）。

一方、議会についてはこのような規定はなく、現実には、前述のように、議会事務局長または書記を知事・市町村長の職員に併任し、執行機

関の職員としての資格において、これに議会の予算執行権を委任し処理している。

このため、議員の派遣や幹部職員の出張命令等の職務執行命令は議長が発するが、支出命令は議長が行使できず、職務執行命令権者と予算執行権者が合致しない運営がなされており、その責任が不明確になっているという指摘がある（平成17年3月18日都道府県議会制度研究会中間報告28頁）。

また、政務活動費については、その交付は長であるものの、収支報告書は議長に提出することとなっており、その調査権は議長にある。他方でその使途基準は議会で決めている。使途基準に反して違法に使用したとして、その返還請求訴訟などが行われているが、その相手方は、その交付を行った長となる。使途基準を決めず、収支報告書の調査も行わない長が訴訟の当事者となる現在の仕組みには、長が控訴などの判断を行うこととなるなど問題があると思われる。

3 議長に議会費の予算を編成し、執行する権限を付与すべき

上述のように、二元代表制の下で議会がその機能を発揮していくためには、議会の意思で自由に使える議会予算の仕組みが必要である。この問題を解決するには、予算の一元的管理が一般論としてではなく、現実的な観点から本当に必要なのかを考える必要がある。

国の予算編成を見てみると、財政法17条では「衆議院議長、参議院議長、最高裁判所長官及び会計検査院長は、毎会計年度、その所掌に係る歳入、歳出、継続費、繰越明許費及び国庫債務負担行為の見積に関する書類を作製し、これを内閣における予算の統合調整に供するため、内閣に送付しなければならない。」となっており、国においては国会、最高裁判所、会計検査院は予算の編成権を持っている。地方自治体の議会もこれに従うという考え方もできるが、これに対して、理論的にも、また実際の運用からしても問題が多いとする意見がある。

すなわち国会、会計検査院、最高裁判所はいずれも憲法上保障された

独立機関であって、それぞれ権限の分立を保持しようという大原則にたっているが、地方公共団体の場合は、国と制度が異なるため、国と同じように考えるわけにはいかないという主張である。

　また、実際の運用面からも、すでに教育委員会において実験ずみであり、予算編成の権限を分散しようという方向はかえって時代逆行となるおそれがあるとされている（松本英昭『現代地方自治全集5　地方公共団体の予算』ぎょうせい、1979年、186頁）。

　確かに、国会等はいずれも憲法上保障された独立機関であり、地方自治体内の各機関の関係とは異なるが、そのことをもって、憲法で設置が規定されている地方自治体の議会が予算編成権を持つことを否定されるものではない。

　議会費の内容、現在までの運用状況、住民によるチェックを考えると、予算編成権の付与により、議会による権限の濫用が生ずるとは考えにくく、議会費においては、予算の一元的管理の必要性は現実には大きくないと思われる。二元代表制の下での今後の地域主権・地方分権の進展を考えると、地方議会に国会と同様の制度を導入し、議会の機能強化を予算面からも担保すべきと考える。

　その場合、議長が、毎会計年度、その所掌に係る歳入、歳出、継続費、繰越明許費および債務負担行為の見積に関する書類を作製し、予算の統合調整に供するため、これを知事（市町村長）に送付することとなる。

　この問題については、過去には予算の一元的管理を前提として、首長に対し議会に必要な予算措置を要求する権利を議長に与えるべきとの提言があった（平成17年3月18日『都道府県議会制度研究会中間報告』28頁）。現状を改善する現実的な選択肢として一考に値すると思われる。

　また、この予算編成権については、2010年8月に、大阪府で開催された三重県議会および三重県議会議会改革推進会議主催の「第6回全国自治体議会改革推進シンポジウム」において、橋下徹大阪府知事（当時）から、地方議会も地方自治体の予算編成に参画する「議会内閣制」の導入が提案されるとともに、「引き受けてもらえるなら、議会に予算編成権を渡してもよい」という趣旨の発言があったことにも触れておきたい。

二元代表制の下では、議決機関である議会が予算編成権を独占することについては、慎重な議論が必要と思われるが、議会内閣制とともに、今後議論の対象となることも考えられるので、紹介しておきたい。

　議会費の予算執行権については、議長に付与することで新たな問題が生ずるとは考えにくく、上述した問題を解決するためにも、地方公営企業と同様に議長に予算執行権を付与すべきであると考える。

　最後に、予算執行権を議長に付与した場合、住民訴訟などのケースでは議長が被告となることから、予算執行権の議長への付与については慎重な意見もあるが、むしろ政務活動費などのより適正な執行に議会が責任を持つことにもつながるのではないかと思われる。

6 議会事務局は執行部からどのように見えるのか

Q 執行部局から見ると、議会は議決機関・監視機関であり、行財政運営については、基本的には執行部局に任せてほしいと考えているふしがあるが、二元代表制における議会（事務局）の役割としては、これでいいのか？

A 二元代表制における議会は、これまでの「追認機関」に甘んずるのではなく、執行部局の提案に対しては、必要な修正を行い、議会から政策条例を提案するなど、議会が積極的な政策立案に取り組むべきである。

解説

　議会事務局と執行部局は、それぞれ「議会・議員」と「長」を補助する機関である。二元代表制の下で、議会と執行機関は、独立・対等の関係に立ち、相互に緊張関係を保ちながら協力して自治体運営にあたる責任を有する。ここで、首長と議会の役割を整理すると、次のようになる。

　首長：予算を編成し、予算を含めた議案を提案し、これを執行する役割

　議会：予算を含めた議案を審議し、地方公共団体の意思決定を行う議決機関としての役割および首長の執行監視を行う監視機関としての役割

　次に、「議会事務局と執行部局との関係」は、それぞれの自治体のこれまでの議会運営の状況、首長と議会の関係、さらには執行部局と議会事務局の人事異動の状況等によって様々であり、各自治体によって一様ではないと思われるが、議会は議決機関・監視機関であり、施策運営や提出議案について指摘やチェックを受ける側の執行部局からすれば、必

要以上に近づきたくない存在である。

1 かわる執行部局と議会事務局との関係

　一昔前には、執行部局は、新規施策の立案や予算の獲得を図るため、積極的に議会・議員へアプローチし、施策の実現につなげることもあった。
　しかし、今日の厳しい財政状況の下で、新規施策の打ち出しが困難な時代となっていることもあり、議会へのアプローチが、提出議案関連に限定されてきている。
　執行部局にとっては、二元代表制や議会の役割を前提としつつも、行財政運営については、基本的には執行部局に任せてほしいというのが本音であり、議会には提出議案だけを淡々と議決してくれることを望んでいる。
　実際、大半の自治体議会が、本会議や委員会運営において、議員が個々に執行機関へ疑問点を質すことや執行機関の提案を議決するという受け身の状態にある。まれに議案の修正がある程度であり、意見書・決議による議会意思の表明にとどまっているのが現状である。
　この流れを変えるためには、議会事務局の動きが必要となる。
　執行部局と議会事務局とのかかわりは、今後ますます複雑になっていくものと考えられる。
　改革派首長の登場によって、議会の存在感がクローズアップされたり、議会の形骸化が指摘されたりしている。逆に、先進的な議会では、首長や執行部局に対して、議会本来の住民の多様な意思を議会に反映させようと争点を明確にしつつ、積極的に発言し議論を戦わせることも増えている。
　このような中で、長と議会が対立する場面も多くなり、議会事務局に対して、「もっと議員と執行部局の間に入って、調整してくれればいいのに」、「議員の関心事項や考えについて、もっと早くから情報をくれればいいのに」などの指摘も出されており、議会事務局に対して調整役と

しての役割が求められてきている。

　また、議員側からの政策提案や議会提案条例の提出も増加しているが、この提案に当たっては、現行法体系や施策との整合性、実現可能性などの事前チェックが必要であり、議会事務局だけで完結させるには限界がある。ここでも執行部局との連携・調整が課題となる。

2 執行部局との調整役・パイプ役を果たすこと

　議会事務局は、議会・議員の窓口として、執行部局にとって議事運営や施策実施を円滑に行うための重要な調整役、パイプ役を果たさねばならない。

　執行部局と議会事務局は、支える対象が異なるにしても、二元代表制の下で住民の負託に応え、住民福祉の向上に資することがその使命である。それぞれが立場の違いを越えてともに自治体・住民を支えるという一体感を持って日頃から情報交換・意思疎通を図ることにより、より良い結論を導き出すこととなる。

　事務局としては、議員の求めに応じて、執行機関が蓄積する行政情報を収集し提供することはもとより、例えば議員提案条例の立案に際して、議会の意向と執行機関の認識に差異がある場合には、議会事務局は、議会の立場に立ちつつ、執行部局の専門性を引き出しながら、議会の意向を執行機関に説明し理解を得なければならない。また、長と議会が真っ向から対立するような事案でも、議会の立場でその調整役に乗り出し、執行部局と協議し、到達点を探ることが求められる。

3 「見えない事務局」から「見える事務局」へ

　議会事務局は、議会の補助機関であり、その職員は議長から任命され、議会活動を支援する活動を行う。議会事務局の業務は、おおむね次の3つに区分され、都道府県の場合3課体制をとる団体が大多数となっている。

議事課業務：本会議、委員会運営などの議事および議会広報
調査課業務：行政調査、議案の調査立案など、議会の政務調査活動のサポート
総務課業務：議長、副議長の秘書業務をはじめ、議員報酬等の事務。併せて、事務局の庶務全般

　執行部局の職員にとって、議会事務局の業務は、「議会・議員の窓口」、「議事運営の専門家」、「議員の政務調査活動の補助・サポート役」と映っているものの、議会の主人公は議員であって事務局職員ではない。事務局はあくまで、議会・議員の裏方・黒子としての役割であることが、執行部局からは見えにくい存在としている。

　上記3つの業務の中で、総務課業務は、執行部局の庶務担当課業務とおおむね同様であり、業務内容はイメージできる。また、議事課業務についても、本会議や委員会運営のように外部から見える場面があり、水面下での調整業務は見えないにしても、議事運営のプロとして認識されており、円滑な運営手腕を期待されている。

　一方で、調査課業務は最も見えにくい。調査業務は、まさに議会・議員活動そのものであり、議員自身が行う場合も多い。執行部局の職員にとっては、議会・議員からの資料要求や調査、議会質問の準備に際して、補助役としての事務局職員との接点が生じる程度であり、関連のない執行部局にとっては遠い存在である。

　また、調査課職員のサポートは、議員から評価されることはあっても、外部から評価されることは少なく、その成果は、議員の議会質疑や政策提案として表れて初めて見えるものとなる。逆に、執行部局にとって調査課職員は、資料要求や議会質問など、面倒な仕事を押し付けてくる邪魔な存在と見られている場合の方が多いだろう。

　議会による団体意思の決定機関としての機能、執行機関を監視・評価する機能を発揮するための調査活動や情報収集、政策づくりへの関与、さらには議会提案条例の立案など、議会のこれら機能を支援・補助するのが議会事務局であり、議会機能の拡大に伴って、事務局の業務内容もまた高度化・専門化しなければならない。

しかし、議会事務局の組織体制・専門性は執行部局とは比較にならず、事務局体制の充実強化にも大きな課題がある。事務局職員は、議会・議員の最大の補助者であるものの、残念ながらオールマイティではない。

　このため、議会事務局が議員の要請に十分に応えられない場合は、議員も職員数の少ない議会事務局から満足できる資料が出ないのは当たり前と考え、「事務局職員に指示し調査させるよりも、担当の執行部局に直接電話したり、資料を求めたりする方が手っ取り早い」という状況も生まれる。

　また、執行部局にとって指摘されたくない情報は、議会側に提供されにくいなど、監視のための情報を、監視される側からの助言や援助によって得ることには限界があり、事務局独自での情報収集にも限界がある。

　さらに、議会事務局が、収集した情報を下に議員に対して執行機関が窮地に陥るような助言を行うこともある。この場合、議員にとっては有能な職員であっても、執行部局にとっては同じ自治体の職員でありながら立場が異なるとはいえ、憎らしい職員となる。これでは次回からの情報収集活動に支障が生じる場合もあろう。

4 議会事務局を活気づかせるのは機能強化と意識の覚醒

　議会改革、機能強化が叫ばれる中で、議会事務局はこれまで以上にその監視機能、政策立案機能の支援・補助を果たしていくことが重要となる。事務局の人員等組織体制の充実を図ることには課題が多いが、「第1章2」の取組みとともに、現状においても実現可能な
① 　執行部局との人事交流の活発化
　　特に、執行部の中心的役割を果たすセクションとの人事交流
② 　議会改革に情熱を持つ職員の育成
③ 　調査・政策立案部門の体制強化
などによって、事務局の機能強化を図るべきである。限られた人員ではあっても、二元代表の一つである議会を支えているとの使命感を持って業務に取り組まねばならない。

議会事務局は、議会の補助機関であり、その職員は議長から任命され、議会活動を支援する活動を行う。事務局職員は、裏方・黒子として情報収集、調査業務、執行部局との連絡調整等を行う。

　先にも述べたように、議会改革に先進的に取り組む自治体が徐々に増加してはいるものの、自治体全体としては、まだまだ議会の意識改革、改革努力はこれからであり、議会改革への動きも残念ながら鈍いといわざるを得ない。

　このため、議会事務局として改革を志向しつつも、現状に甘んじてしまい、その補助業務も通常のレベルにとどまる場合が多い。また、事務局からの改革提案も、議会自身に受け入れてもらえなければ結果につながらない。議会・議員はもとより事務局も一体となって議会改革に取り組むことが課題となる。

7 住民と議会を連携させる議会事務局になるには

Q 議会が住民の代表機関として信頼されるには、いかに住民との関係を構築するかが大切である。住民との連携のあり方としては、どのような課題があると考えられるか？

A 議会としては、住民の知りたいと思う議会情報を提供すること、住民が気軽に議会に参画できる仕組みをつくること、また、「住民」の選挙によって選ばれた「議員」が住民を代表する「議員」として議会活動を行うことが信頼構築のカギとなる。これらの活動をサポートする議会事務局になることが必要である。

解説

　地方自治を担うのは、住民、住民が直接選挙で選んだ首長と議会である。しかし、首長と議会が対立して地方行政が混乱している自治体があり、議会と首長の関係が問い直されている。

　また、地方議会の形骸化を指摘する声もあり、主役である住民の意見反映・集約等の機能を持つ議会と住民との関係が厳しく問い直されている。地方行財政検討会議における議論等を踏まえ、かつて2010（平成22）年6月22日に総務省がまとめた「地方自治法抜本改正に向けての基本的な考え方」にも、「議会は、団体意思の決定機関、及び執行機関を監視する機関としての役割を担っており、これらの役割を果たすために政策形成機能、多様な住民の意見の反映、利害の調整、住民の意見の集約の機能を持ち、これらの機能を十分に発揮することが期待されている。しかしながら、議会の現状は、こうした期待に応えられているとは評し難い。」とある。議会が本来の職務を果たしていくためには、住民の意思の代表機関としていかに議会が信頼されるか、いかに住民と関係を構

築するかが肝要であり、住民との連携は最も重要な課題の一つである。

1 住民と議会とのつながりの現状

　住民との連携については、執行機関側に一日の長がある。例えば、パブリックコメントや住民との意見交換などを通じて住民のニーズを把握し、それらを政策決定や事業企画に反映してきており、最近は、住民にとって役所は以前よりも近い存在になってきている。とはいえ、現実には、特定の住民の参画に偏りがちであって、民意の反映という点では決して十分ではない。

　他方、議会に対しては、住民は議員を選挙で選ぶことには関心があるが、選挙後の議会活動への関心は住民個人の利害に関することに重きがおかれ、行政を動かすために議員を通じて要望する、という旧来のイメージを持っているのが現実ではないだろうか。

　しかしながら、議会の本来の役割は、二元代表制の下、住民意思の代表機関として住民の信頼を得て、住民の利害や多様な意見を調整して一つの民意とすることにある。

　今後の議会改革に対する意向について、三重県議会の議会改革諮問会議が2009年11月に実施した県民アンケートによれば、「県議会の情報提供の充実（22.1％）」、「県民との意見交換の場（22.7％）」、「県議会への会議への県民参加（23.7％）」が上位を占めている。

　このことは、住民のニーズが変化してきていることを表しており、議会自身が住民の民意を集約し、それらを踏まえて公開の場で議論をし、政策形成を含め議会の意思形成をしていくことが求められていることを物語っている。

2 住民による議会情報の入手ルート

　住民は、現在どのように議会の情報を入手しているのであろうか。
　前述のアンケートにおいて、議会情報の入手方法について問うたとこ

ろでは、「県議会だより」が52.0％と半数を超えている一方、新聞・テレビが22.4％となっている。これは、議会がマスコミから取り上げられる機会が少ないことを意味している[5]。

ちなみに、首都圏から離れた地方の議会（注：地方公共団体の議会という意味ではない）は、地元新聞や地元テレビに取り上げられる機会も多く、そうした地域の住民は、マスメディアによって情報を入手している場合が多い。例えば北陸のある県では、県議会で質問を行った全議員について主な質問内容と答弁が地元新聞に大きく掲載される。地元新聞の世帯普及率は7〜8割を超えているといわれており、テレビでもNHKや民放の地元ニュースで議会での主なやりとりが放送される。このため同様のアンケートを行った場合、テレビ・新聞と回答する住民が圧倒的に多いと思われる。

3 住民の知りたいと思う議会情報を情報提供

最近、首長と議会との関係を通じて、全国各地の地方議会の様子が報道され、「議会不要論」などの言葉によって、皮肉にも「議会」の存在が以前よりも近くなってきている。住民からすれば、「議会」は選ばれし議員の集まりであって、議員個人の活動や地元の利害に直接関係がなければ、「議会」という機関の真の役割や活動は知らなくても、それほど困らないと考える住民もいるのではないだろうか。

一方、議員からしても、議員自身の活動報告ではなく、住民のために、機関としての「議会」がどのように執行機関の政策や事業を議論し、チェックし、修正してきたのか等の実績を具体的に説明できてきたのか、疑問が残る。

こうした点を考慮しながら、住民が議会活動に参画しやすくするためには、議会は、住民に対して、常に議会情報を発信していく必要がある。

---

[5] 三重県の場合、首都圏や関西圏と同様、テレビ・新聞は東海圏全体の情報として発信されており、地元のニュースとして発信される情報量が限られていることが原因であると思われる。

これまでも議会は、様々な手段で情報を発信してきた。それは、紙媒体としての「議会だより」の配布や、議会が自ら広告費を使ったテレビ中継といったものである。

本会議だけでなく、常任委員会等についても傍聴者席を増やそうという動きやインターネット中継を行う議会が増えてきている。しかしながら、それによって、利害関係者を除いた住民が議会に「顔を向ける」ようになったか、いい換えると、議会に関心を持つようになったか、というと甚だ不十分といわざるを得ない。

「様々な媒体による情報発信は、やった方がいい」のは当然ではあるが、情報発信に多額の費用を要するのであれば、各地の自治体の財政状況を鑑みると、費用対効果の点から否定的な見解を持つ住民も少なくないはずである。これも住民のニーズの一つであることを事務局は忘れてはいけないし、住民にも議員にも伝えなければいけない。

住民が議会に関心を持つためには、住民と議会が情報を共有することが必要であろうが、今までは住民が真に知りたい議会情報を議会として提供できてこなかったのではないかと思われる。議会事務局としては、議員とともに、住民の知りたいと思う議会情報が何なのかを点検していく必要がある。

例えば、重要な議会審議について、議会としての意思を住民に伝えたいのであれば、マスコミの報道のみに頼ることはできないし、会議録だけでも不十分である。その審議経過と結論を詳細に記した「審議報告書」を作成することは、情報公開という側面からも必要となるかもしれない。

一方、現在の報道等を見ていると、議会活動そのものより、海外調査、政務調査、県内外視察、報酬等への関心の方が高いのではないかと考えられる。これらに対しても、議会が知ってもらいたい住民に正確な情報を伝えていかなければならないことはいうまでもない。

4 「活動記録」によって税の使途を明らかにする

最近、政務活動費に関して問題となるケースが多発している。政務活

動費は、議員が県政全般にわたる政策や事務事業に関しての調査や、その結果について県民、市民への報告などにも充てられる経費である。
　しかし、政務調査に関係のない小説の購入費や、祝賀会や同窓会、政治団体に対する経費などが政務調査費として計上されていることについて疑問視する旨の報道がされている。
　議員個人の研修視察などは、どんな目的で、だれと会ったかわからないケースもあり、「活動記録票」を公開すべきとの意見もある。「活動記録票」の公開には「個人名が特定されれば政治活動に影響する」と否定的な議員も多いが、政策報告会の領収書などには、少なくとも相手や目的がわかるような記載を義務付けるなど、改善すべき点もみえている。
　議員は、住民に対して、会合場所や参加者、目的、内容など、「こんなにも皆さんのために活動している」という内容を「活動記録」として積極的に公開すべきであり、事務局は、議員が自らの行動について、執行機関と同様に税金の使途としての意識を持ち、住民への説明責任を果たすようサポートする必要がある。

5　双方向で対話できるツイッターの活用

　紙媒体による議会広報や、議会ホームページの充実も求められるであろうが、詳細に説明しようとすればするほど文字数が多くなり、逆に住民を遠ざけてしまうことになりかねない。また、逆に簡単にすればするほど議員の意向確認が必要となるなど、余計な手間と時間を要することになるが、これまで以上に住民の視点に立った構成をしていかなければならない。
　注目されるのは、鳥羽市議会が最初に始めたとされるツイッターの活用である。ツイッターとは、140字以内の文字数制限の中で行う、インターネットを利用したコミュニケーション手段の一つであるが、ホームページのように一方的な情報発信だけでなく、多くの利用者から情報を求め収集することが可能である。一般の住民には、議会とは垣根の高いものという認識がいまだに強いことを考えると、その垣根を取り払う意味で

もツイッターの利用は興味深い試みであるといえる。

　最近、携帯電話やスマートフォンによって情報を収集する住民が増えている。広報誌やパソコンによる閲覧に比べて、いつでもどこでも情報を入手できるという利点があるからであり、住民が情報を入手する手段がこれまで以上に多様化してきている状況にある。メールマガジンを含め、特に携帯電話等をターゲットとした情報発信等については、多額の費用を必要としない場合が多く、住民理解が得られやすい。より情報が充実している既存の広報誌やホームページの閲覧や、議会や委員会への傍聴へ誘導する効果も期待できる。

　より幅広い世代に議会に関心を持ってもらうためにも、こうした情報

図　ICTツールによる情報伝達のイメージ

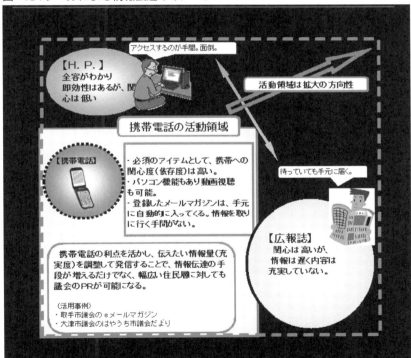

（出所）奥山高起が作成

を伝達する手段を増やすことについても、検討の余地があると思われる。

6 住民を意識した議会事務局のサポート体制の強化

　住民と議会との関係には、当該議会の活動情報を住民に伝達するというアウトプットと議会への住民参加というインプットの両方の役割がある。

　前者は議会からの情報発信や議員が地域に出向いて行う議会報告会、後者は議会活動の公開のほか、公聴会の開催、参考人の招致、議会独自の附属機関の委員への住民の就任などが挙げられるが、いずれにしても、議員と議会事務局が一体となって対応しなければならず、議会事務局としても積極的にサポートし、仕組みができたときの具体的実施作業を担わねばならない。

　これまでの事務局に求められていたのは、政策面など議員に対するサポート体制の強化であったが、今後重要なのは、議員の先にいる住民を意識しながら議員をサポートすることであるといえる。

8 住民との窓口対応をもっと工夫できないか

Q 住民から見れば議会は遠い存在で、よくわからないことが多いが、議会との距離感をなくし、情報を得るためには、住民との窓口対応をもっと工夫できないのか？

A 今後は議会独自の情報収集が重要であり、議会事務局は広報や意見交換会などの開催を通じて、住民の目線に立って、住民と議会をつなげていく素地作りをしていくことが必要である。

解説

　議会の「窓口」としての機能は、主に議員の選出地域での活動報告会や選出母体での集会等を活用した意見交換等を通じて果たされてきており、議員が身近に住民の声を聴く場となっている。さらに、政務調査活動等の制度を活用しながら地域・住民の声を集める環境も整ってきており、議員や会派の持つ窓口的な役割も大きい。

　昨今、議会改革として、安易な議員削減論が提起される場合もあるが、議員自身に窓口機能があるからこそ、多くの議員が必要なのであり、それこそが本来議員や会派の役割であることは疑いようのない事実である。

1 気軽に議会に参画できるよう住民側に窓口を近づける

　当研究会ではかつて発表した中間報告書『今後の地方議会改革の方向性と実務上の問題、特に議会事務局について』（2010年3月）で、全国都道府県議会制度研究会の提案として議会事務局の中に住民の窓口となる「広報室」を設置し、議会資料等の情報発信と議会情報の公開に当たら

せること、また、議会報道、議会ホームページの作成等の広報活動や広聴などもっぱら議会広報を担当するセクションを置く事務局も出てきたことを紹介し、さらに「『窓口』機能は、単に情報を発信することや情報を収集することではなく、議会と住民との『溝』を埋めて、議会と住民との関係を取り結ぶことをその目的としている。」と提言した。

　最近の議会改革の動きとして議会への市民参加を確保しようとしていることが特徴の一つではあるものの、現状としては、「議会では何をしているのかわからない」という住民が少なくないことは常に意識しなければならない。このため、事務局は、機関としての議会活動が、地域の暮らしにどのように役立っているのか、住民に少しでも実感してもらえるよう、正確にかつ、冷静に伝える手段やこれとは逆に民意を議会活動に反映するための仕組み等を考える必要がある。

　このように、窓口機能は、議員個人、議会および事務局が、様々な機会に、様々な手段を用いて果たしていかなければならない。まだまだ大きいと思われる住民と議会の距離感を縮めるために、事務局には住民の関心を議会に向けさせる努力が求められている。

　住民と議会の距離感を縮める方法は、窓口に住民を呼び込む方法だけでなく、住民側に窓口を近づけていく手段もある。そうした手段については、例えば、特定のテーマや課題について議員と住民で意見交換をしたり、議会の特別委員会においてざっくばらんに住民の意見を聴いたり、あるいは議事堂を離れ、地域で常任委員会や特別委員会を開催するなどの方法があろう。

　各地域によって事情は異なるであろうが、「窓口」機能の強化とは、決まった手続き、方法による住民参加に限ることなく、もっと住民が気軽に参画できるような仕組みを、議員だけでなく、まずは事務局が考え、そして議員・議会に提案し、実現していくことではないだろうか。

2 住民から情報を議会独自のチャンネルで吸い上げる

　政策提案を行う機関として議会が、その機能を果たすために必要とな

るのは、政策に結びつく情報をどれだけ持っているかである。

　議員を窓口として、住民からの様々な意見、要望、苦情などから政策的な課題を見つけることができるが、どちらかといえば、これまでは執行部から提供される既存の行政施策を中心とした情報によるところが大きかった。しかし、執行機関にとって都合の悪い情報を執行機関自ら議会に情報提供することはほとんど考えられず、その点を踏まえても議会の政策立案に十分であるとはいえない。

　独自に政策立案するのであるから、執行機関からの情報だけでなく多角的な情報収集をする必要があり、とりわけ、住民から情報を、執行部局を通じてではなく、独自のチャンネルによって吸い上げることも必要となる。前述のツイッターの活用や、メール目安箱の設置も候補の一つかもしれない。

　これまで、議会が独自に情報を収集することは、前述のとおり議員や会派がそれぞれの立場からのルート（主には選挙区の地元住民や後援会）を通じてなされていることが多いと思われ、議会事務局がそれに組織的に対応することはほとんどなされなかったと思われる。

　その理由として、議会事務局とする情報収集が議会や議員の活動なのか、政治活動なのかの判断が難しく、そもそも議会事務局の業務といえるのかといった問題の発生を考慮したことも一因であると思われるが、現在全国都道府県議会議長会などが要望しているように議員の責務が法文上明確化されれば、こうした問題も解決されるかもしれない。

　議会独自の情報収集は今後重要になってくるであろうし、上記①で述べた議会の窓口機能と深く関連する課題である。本テーマに限らずすべてにいえることではあるが、事務局がこの機能を充実させるには議員や会派の理解が必要である。議員は、住民が地域課題を、大きな視野でともに解決していけるよう、そのための正しい判断ができるよう、自ら説明会を開催し、議会に対する率直な意見を住民から直接聴く機会が求められている。

　そして事務局は、議員が住民の代表として信頼を得られるよう、住民の目線に立って活動をサポートしていくことが求められているといえ

る。
　事務局は、議員および住民に、その基礎となるところを理解してもらえるよう、広報、PR、啓発、意見交換会などの開催を通じて、住民と議会をつなげていく素地作りをしていくことが必要である。

9 議会事務局職員の意識改革の工夫とは

Q 議会改革には、議会事務局改革や、そこに従事する事務局職員の意識改革が求められるが、事務局職員の意識改革の方法については、どのようなものが考えられるか？

A 議会事務局職員の意識改革のために事務局が行うべき取組みとしては、①目的意識を共有する、②チームとして行動する、③結果（実績）を積み上げる、ことが重要であると考えられる。

解説

　現在、全国の自治体議会において議会改革が進められているが、改革の実現には、補助機関である議会事務局のサポートが必要不可欠である。

　議会改革には、事務局改革、ひいてはそこに従事する事務局職員の意識改革が求められていることから、この項では事務局職員を取り巻く環境および職員の意識を探り、次項では、仕事のやりがいを通じて、「意識改革」の方法についてとりまとめる。

　本項と次項までをとりまとめるにあたり、事務局職員の置かれている現状と課題を把握し、意識改革の方法について『議会事務局職員の意識に関するアンケート調査結果（2011年8月実施、事務局職員を対象にメール聴取、有効回答者数46人）』（以下、「アンケート結果」という。）を参考にしながら、「事務局職員特有の課題」、「執行機関と事務局職員との関係」、「議会議員と事務局職員との関係」についてそれぞれ考察していく。

1 事務局職員特有の課題とは

　仕事のやりがいについては、誰もが求めるところであり、事務局職員にとっても何ら変わることはない。仕事は、通常トップダウンとして降りてくるが、自治体によっては職員による提案制度を取り入れるなど、ボトムアップとして職員の意見や提案を受け入れようという組織風土も広がっている。

2 「二重のブロック」の存在

　事務局の指揮命令系統については、局長を筆頭とした指揮命令系統の他に、局長の上に多数の議員が存在しており、意見の異なる議員の合意により物事が決定される。

　これは、首長を筆頭とする執行機関の意思決定スピードと比べて明らかに遅く、常に「議会」としての合意を必要とするものである。この現状から、係員が上司に意見や提案をしても、上司は、その先の議員による合意形成の過程に尻込みをして、自分の中で意見や提案を収めてしまい、議員にその意見や提案が伝わらないこともある。これは、他の部署でも見られる「事なかれ主義」の典型である。

　事務局職員は、常に職員間における事なかれ主義を打開し、その上で、議員の合意を取り付ける必要があり、大小にかかわらず議会の意思決定に関しては、いわば「二重のブロック」が存在している。そのため、事務局職員は、問題意識を持っていても個人としての発言を控えたり、いわれたことをやるだけに終始しがちである。

　また、事務局職務は、市民と直接かかわることが少なく、仕事自体も市民にとってはわかりにくく市民の目に映らない。加えて、事務局職員は、自己の責任において発信することができず、すべて「議会」の決定事項・検討事項を伝える立場にあることから主体性に欠けるのも事実である。

アンケート結果によると、「事務局の仕事にやりがいを感じるか」との問いに対して、「はい」と回答した者が全体の67％（31／46件）を占め、「事務局の仕事は魅力的だと思うか」との問いに対しても、59％（27／46件）を占めている。

　裏返せば、約40％の職員が仕事のやりがいや魅力を感じていないということであり、その理由を探り改善することが必要である。

　やりがいを感じていないという回答については、40代未満の回答者層の割合が27％（4／15件）であり、40代以上の回答者層の割合の16％（5／31件）より高い。これは、若手職員がベテラン職員に比べてやりがいを感じにくい職場であることを表している。

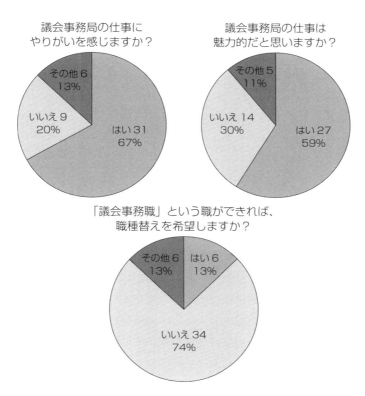

　また、「『議会事務職』ができれば職種替えを希望するか」との問いに

対して、「いいえ」と回答した者が全体の74％（34／46件）と高い数字になっている。議会事務職の明確な定義を行ったわけではないが、やりがいや魅力があればこそ、「専門化」という選択を選ぶと考える。

これは、上記の設問で「やりがいがある、魅力がある」とした約6割の良好な回答に対して裏腹な結果である。「いいえ」と回答した理由の主なものは、「いろんな仕事を経験したい」というものであった。

やりがいがあるとしながらも、専門職化は望まないという結果については、従来からのジェネラリストを望む体質が根底に流れているのではないか。自らの明確な意識がなければ、様々な部署を数年周期で異動させられ、専門性がつきにくいキャリアパスを歩む傾向にあることに注意が必要である。

これら一連の、事務局の職務の特殊性を考えたとき、仕事を通じて得られる達成感や充実感、やりがいが得にくいことが課題である。達成感を充実させるためには、意思決定を行う議員と事務局職員との間にある距離を縮める必要があり、それは両者が対等な立場で意見交換ができれば担保されるのではないか。

③ 担当業務によって異なる意識

次に、各職務内容の性質を見てみると、事務局の職務には、法制部門を配置している事務局も一部あるが、現状では、大きく分けて総務部門、調査部門、議事部門の3つがある。

まず、総務部門については、庶務的な仕事が多く、自治体の内部事務として汎用性のある職務である一方、極端にいえば、事務局職員としての専門性は不要で、自覚が芽生えにくい職務内容であろう。

次に、調査部門については、議員からの調査依頼に基づいて活動することから、ただ調査を行うに留まるため、その内容がどのように活かされるのかがわかりにくく、達成感が得にくい。

最後に、議事部門については、議会特有の職務であり、議事運営のノウハウを習得するには相当の経験年数を必要とすることから、事務局職

員としては経験年数が長い職員が必要とされやすく、専門化しやすい職務であるといえる。しかし、ベテラン職員がいることによって、議員も職員もベテラン職員に依存し、考えが固定化する傾向にある。いうなれば、他の事務局職員の意識の高揚を阻害する要因ともなりかねないことに注意が必要であろう。

以上からわかるように、事務局の職務は、例えば事業を実施するということが少ないことから、「目に見える自己の成果」が得にくく、達成感も薄く、やりがいにつながらないのではないかと考えることができる。

4 縦から横、そして斜めになり、円になるつながりへ

事務局職員特有の課題を整理すると、命令系統の複雑性、補助機関ゆえの主体性の欠如、創造性が発揮しにくい職務内容が課題として挙げられるのではないか。

これらの課題に対処するため、事務局内部における人材を最大限に活かすという視点を持ちたい。例えば、役職に囚われない意見交換を実施してはどうか。オフサイトミーティング（気楽にまじめな話をする場）の手法を取り入れ、役職に関係なく自由に意見がいえることで、問題意識を事務局職員同士で共有することができ、対応策を考えることで、実は解決できることがあるのではないか。それは、少数精鋭の議会事務局であるからこそ可能である。

また、実施に当たっては局長以下、幹部職員が率先して職員の意見に「傾聴」する姿勢が必要である。議会改革というと言葉が重く聞こえるが、業務改善・事務改革など、小さな成功体験を積み上げることが必要であって、それが職員のやりがいにつながることはいうまでもない。そして、事務局としての一体感が増すことで、職員個人としてではなく、事務局の声として議員に対しても意見や提案ができるのではないか。

10 事務局のチーム力を機能させるための取組みとは

Q 二元代表制の下で、議会事務局職員が住民の立場に立って仕事をしていく上で、事務局のチーム力を機能させるために大切なものとは何か？

A 事務局職員同士の意思疎通が迅速に行える環境づくりが大切である。そのためには、悩みを共有しながらも十分な時間をかけてチームをまとめるための「共通の言葉」を作り上げて、一体感を醸成させることである。

解説▶▶▶

　事務局職員が、「どちらを向いて仕事をするか」という現実的な問題がある。

1　事務局職員が抱える不安感と孤独感

　事務局職員は元々、執行機関で採用され、議会へ出向して事務局職員となる。出向期間は、他の部局と同様におおむね3年から6年である。これは、議会事務局が、人事ジョブローテーションの一角として存在していることに起因しており、職員としても執行機関に「戻る」という意識が強い。

　アンケート結果によると、「将来的には執行部に戻りたいと思うか」との問いに対して、「はい」と回答した者が全体の52％（24／46件）を占め、そのうち、40代未満の回答者層では、その割合が67％（10／15件）と高く、40代以上の回答者層の割合の45％（14／31件）を上回っており、「戻る」という意識については、行政職員としての経験年数が短い若手

職員ほど顕著に表れている。その理由の大半が、「執行機関でやりたい仕事がある」、「いろいろと経験したい」といったものであった。

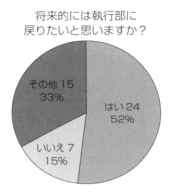

議会と執行機関は、二元代表制の両翼であり、相対する立場にある。よって事務局職員は、議会・議員のために、ときには執行機関にとって不利になることを行わなければならない。

また、任命権者である議長の方を向いて仕事をしなければならないのに、執行機関に嫌われれば昇格や異動の際に悪影響を及ぼすのではないかという不安が生じるため、消極的な仕事に終始する場合が多い。現に、執行機関から、「議会がスムーズに流れるようにしろ」というお門違いの要請を受けたり、不本意な扱いを受ける場合もある。

このように、現状では事務局職員が消極的になり、当たり障りのない仕事をしても致し方ない状況にあり、このことが事務局職員が議会ではなく、執行機関を向いて仕事をすることになってしまう要因となっている。

2 議会から求められる人材へ

この問題を解決するには、議長以下、議員全員が、事務局職員の置かれている立場について認識を持つ必要がある。そして、議会として必要

な事務局職員の人材確保のため、執行機関に対して議会の意思を伝えなければならない。議会事務局職員は、一義的には、市民のために存在していることが前提であるが、次には、執行機関ではなく、議会のために存在しているのである。

よって、事務局職員は執行機関にとって、本来、手強く、煙たがられる存在にならなければならない。それが、二元代表制の一翼を担う議会をサポートする事務局職員としてのあるべき姿であって、執行機関はそれを理解し、議会のために忠実に取り組む事務局職員を評価する懐の深さを持つことが必要である。

また、議会でその能力を発揮できる人材を獲得するために、議会からの働きかけ、議長の人事権の発動が重要である。議長は、事務局職員の任命権を持っているものの、執行機関が提示する人事案に同意しているにすぎず、十分にその権限を発揮していないのが現状である。今まで以上に、執行機関に働きかけて、議会に必要な人材を獲得する。あるいは、議会が育成していくべきである。

例えば、政策立案能力を高めるために法制担当職員を育成することや、単に調査を行うだけではなく、分析能力を持つ職員を育成するなど、個々の議会が取り組むべき課題、あるべき方向性を示し、能力のある職員の獲得および育成について、議会が積極的に働きかける必要がある。

そして、議会のため尽力した事務局職員が執行機関に異動になる際には、不本意な扱いがなされないようにする。このような環境を整えることができれば、事務局職員は執行機関の目を気にすることなく、しっかりと議会・議員の方を向いて仕事ができるようになるであろう。

③ 事務局職員の自己保身が議会改革を停滞させる

事務局職員は、「議員のサポート役」という従来からの意識が働き、意見・提案があってもそれを控えるという課題がある。

議会の主役は、当然議員であって、事務局は補助機関であるため、裏方として議員をサポートするのが職務である。その意識が議員にも事務

局にも強すぎるためか、事務局の議員へのかかわりが最小限となり、積極的に議員に助言をしたり、意見を述べることが少ない。

　事務局職員はあくまでも住民の立場で議会全体を把握することが必要であるが、事務局職員が持つ問題意識は、議会改革を望まない議員からは嫌われることもあり得る。そうすると、長い職員人生において議員との関係を考えたときに、将来における心理的な不安が勝ってしまい、問題提起することなく、議員のいうことに従い、大過なく過ごす傾向が強くなる。これは、議員との信頼関係の欠如に原因があるのではないか。ともすれば、このことを理由に、「何もしない自分」を正当化しようとする職員さえ出てくる恐れがある。

　しかしながら、地方分権改革が進む今、議会改革は必須の課題であることから、議員に最も近い存在であり、議員の職務・職責を最も理解し、問題意識を持ち続ける事務局職員の役割は大きい。

　このことを議員、事務局がともに認識し、意見を交わすことで情報共有・相互理解を深め、それぞれの役割を明確にした上で、議員と事務局が両輪となって改革を進めることが何よりも必要である。

事議会事務局の仕事が（より）魅力的だと思われるためには何が足りない、もしくは何が必要だと思いますか？（※回答内容の趣旨別に掲載）

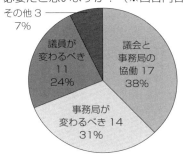

　アンケート結果によると、「議会事務局の仕事がより魅力的だと思われるためには何が足りないか、もしくは何が必要だと思うか」との問いに対して、「議会と事務局との協働」との回答が38％を占めた（17／45件）。

これは、事務局職員にとって、議員との協働が不十分とする一種の警告を発しているのではないだろうか。この結果を議員は真摯に受け止め、事務局職員が議員と対等な立場で意見を述べる機会を作り、その意見を聴く姿勢が必要である。一方、事務局は、議員の政策・立案のサポートをはじめ、議会議員が持つ検査権、調査権等の権限を最大限に発揮できるような体制を整えなければならない。

　昨今の厳しい財政状況の中、事務局職員の増員は期待できないので、職員個々のレベルアップが必要不可欠である。各種研修会への積極的な参加、他議会事務局との情報交換、ネットワークの構築により、議員の要求に応えることはもとより、事務局から能動的に提案していく意識を持つことが大切である。

　そして何より、執行機関の職員と事務局職員とが対峙したときに、事務局職員が少数であり意思疎通が迅速に行えるというメリットを最大限に活かし、チームとして動くことである。議会・議員のニーズや関心、行政運営の課題点を把握し、事務局職員全員が同じ認識の下で、求められている以上の情報や資料を提供し、積極的なサポートを行うことである。職員個人の意識に頼るのではなく、「事務局」として、議会・議員にとって最大の味方であることが事実上確立されれば、職員個人の意識に左右されることはなくなるのではないかと考えられる。

4 「私」（個人）から「私たち」（チーム）へ

　事務局職員にとって、短い在任期間の中で議員と何でも話し合え、積極的に提案できる関係を築けるようになるのは難しい。議員との距離が縮まり、信頼関係ができたと思ったときには異動となる。しかも、多くの議員数が存在すれば、「人と人」の関係を構築することにも限りがある。

　要するに、人と人だけではなく、「議会と事務局」との信頼関係を築くことが必要である。その際に心得なければならないのは、事務局として「正論の仕事」をスタンスとして議員に接することである。そうしなければ、議員から本当の信頼を得ることはできない。

そのためにも、議会はどうあるべきか、事務局はどうするべきかという目的意識と方向性を認識した上で、意識統一できることが望ましい。それは、少数精鋭の事務局であるからこそ可能であり、その一体感があれば、個人的な動機や意識によって消極的になることもなく、議会の立場で職務に専念することができるのではないか。

その結果、事務局職員のメンバーが変わっても、議会と事務局との強固な信頼関係は連綿と受け継がれ、事務局職員としての意識の高まりが期待できるのである。

5 やる気を高める３つの原理

事務局職員の意識改革・仕事のやりがいについて、「事務局職員特有の課題について」、「執行機関と事務局職員との関係について」、「議員と事務局職員の関係について」に分けてその現状と課題、解決策について考察を行ってきた。

人の意識には「物理的な壁、制度の壁、人の壁」の３つの壁があるといわれるが、そのうち「人の壁」が最大の課題であろう。

事務局へ配属になって、最初からやる気のない職員はいない。

仕事の中で、自分自身に何かしらの存在価値を見い出せるからこそ、モチベーションが高まり、仕事にやりがいが湧き、仕事の魅力が高まるものである。では、その存在価値は誰が認めてくれるのか。それは、市民であり、議員であり、職員同士ではないだろうか。それならば、まず「私たち」がともに変わる仕組みを取り入れるべきだと考え、事務局職員の意識改革のために、事務局が行うべき取組みとして下記のとおり提案する。

---

1. 目的意識を共有する
2. チームとして行動する
3. 結果（実績）を積み上げる

1．目的意識を共有する

　職員は市民のために存在することを再確認するべきである。その上で、認識と現実のギャップを埋めるためにも事務局として、「何のために、誰のために、何を行うのか」について目的意識を設定し共有することが必要である。目的意識の設定に当たっては、職員の内発的動機を喚起するよう、それぞれの自立性を大切にし、オフサイトミーティング等の手法を取り入れた意見交換を行いながら設定するべきである。

　役職や立場に関係なくすべての職員が、議会の課題や改善点について自由に発言する。自分の「思い」を話し、仲間の「思い」を聴いて、ざっくばらんに語ることが必要である。

　活発な議論が尽くされ目的意識が共有できたならば、それを下に目標を定めて行動する。そうすることで、事務局職員はチームを意識しながら主体的に職務に取り組め、積極的な改善提案などを行うことができ、結果として仕事のやりがいにつながる。

　従来からの職務管理においては、「上意下達」の一方通行的な方法が職員を受け身にしてきた。今回提案するのはこれとはまったく異なった方法であり、時間のかかるプロセスである。しかし、同じ目的を持っていれば、多少の困難にぶつかっても同じ方向に歩き出すことができる。

　また、本当に価値あることを成し遂げるためには、遠くを見すえて、はるか彼方の地平線へ向かって努力を重ねていかなくてはならない。そのための目的意識であるから、悩みも共有しながら十分な時間をかけてチームがまとまるための「共通の言葉」を作り上げることが必要であって、それにより一体感も生まれてくる。

2．チームとして行動する

　事務局として目的意識を共有することにより、目標に向かって少数精鋭のチームとして行動することができる。

　しかし、勘違いしてはならないのは、チームが「仲良し意識」であってはならないということである。プロ意識を持った少数精鋭であってこ

そ、職務の上で、困難を乗り越えることができるチームとして機能する。一方で、自ら選択して行動できる人間も必要であり、そのような職員を支援できる環境を作り上げることで、互いにパートナーシップが形成されていく。

これからの時代においては、個人の力を伸ばすこと、ブランド化することも必要かつ重要なことであり、個人が十分なプロ意識や期待される能力を持った上で、チームとして行動することが求められる。議員から守られた環境下での仲良し意識とは決別しなければならないのである。

従来は、事務局としての目的意識の共有化が図られていなかったため、議員に対し職員個人で改善提案することとなり、実現につながりにくかった。今後は、事務局がチーム一丸となって積極的に改善提案していけば、必ず実現につながるようになる。

3．結果（実績）を積み上げる

事務局の提案が形となり、改善・改革につながることで、事務局職員はやりがいと自信を持てるようになる。また、議員からの信頼も勝ち取ることができる。それらを積み上げていけば、チームとしての結束が高まるとともにレベルアップすることができ、議員と事務局との距離を縮めることができる。

結果を積み上げる際の視点は、「私」（個人）であり、「私たち」（チーム）でもある。事務局の職務が議員の補佐機関としての役割だけではなく、自らの意見で何かを変えたこと、また提案で新しく生まれ変わったことなどの短期的な結果を積み上げることが必要である。そしてそれが正しく評価されることで、職員の自立性は高まり、創造性も発揮される。

さらに、短期的に実施困難な場合、長期的（ここでは1年間の意味）な目標設定を行い、毎回少しでも向上するように全力を注いで行動することが必要である。壁を乗り越え、新しいことをなし得れば、今いる職員の存在価値も意識もさらに高まる。

実績は、今の取組み状況がまさに勝負である。個人としてもチームの目的意識に付随して、短期目標、長期目標を掲げて取り組めばよい。そ

のためには、人事異動がなされた当初に、異動してきた職員にチームとしての目的意識を共有させることから始め、そして個々の能力と気付きの中で、自立的かつ創造的な取組みを行えばよい。

　結果の積み上げとは、挑戦したことへの失敗も含んでいる。例え失敗したとしても、それは「新たな気付き」として、同じ目的意識の下でチームとして再出発できる。これにより、孤立感、徒労感を持った職員を出さないようにすることができるといえる。

6 最後は「議会と事務局との協働」がカギとなる

　繰り返しになるが、議会事務局職員は、執行機関の職員に比べて少数精鋭である。執行機関の職員に比べて、ここが最大のメリットである。これを活かすためには、「チームとして行動」することが大切である。

　そのためには、チームマネジメントを十分に行うことが大切であり、局長以下、管理職が果たすべき役割は大きい。職員が最高の仕事をできる状況を作り出すことが、マネジメントの本質である。そのためにも、管理職はまず、全職員の意識を把握し、既存戦力を最大限に活用するように努めるべきである。能力の不足は研修で補い、人材育成の視点およびチームマネジメントの視点から、チームとしての方向性を示し、意見を吸い上げ、実績を残せるように努力することが必要である。実績は小さくてもいい。個人だけでなくチームとしての実績を残すことが必要である。

　また、職員からの意見や提案を大切にし、主体性を伸ばす取組みによって、小さな成功体験を積み重ねることが職員を本気にさせる。誰か一人が行うのではなく、全員が前向きになれる雰囲気を作り上げていくことであり、それはまさに「本気の職員を生み出すチーム作り」である。

　事務局全体としては、議員から信頼が得られるよう、専門性を身につける研修や自己研鑽によって、職員一人ひとりの「個」の力を高め、プロフェッショナル化するべきである。一方で、市民目線で客観的に議会を観察し、必要に応じて「現状、課題、解決策」をまとめて、意見や提

案をしていかなければならない。それが、議会が市民から負託され、信頼され続けるために必要な事務局としての責務であろう。

　意識統一を行うことは難しいことではない。各自が思っていることを自由にいい合える雰囲気作りや、意見交換の場を設ければよい。上司は、職員の意識に「遠慮やあきらめの気持ち」が支配し、「考えることを止めてしまう」前に、意見や提案は大切だということを、身をもって示さなければならない。

　そして、課題の共有、意識統一が行えたなら、事務局として本気で議会をサポートするためにも、議員に対して意見や提案を行う。そのためには、議員と事務局職員がともに意見交換できる『場』が必要である。アンケート結果でも、議会事務局の仕事をより魅力的にするために必要なことは、「議会と事務局との協働」との回答が多かった。

　これらのことができれば、議員と事務局との間に信頼関係が生まれるのは間違いない。信頼関係がありさえすれば、職員は、積極的に仕事にかかわることができるであろうし、仕事に対するやりがいは確実に増すものである。

　最後に、今一度、原点に立ち返ってみたい。
　私たちは、誰のために存在しているのか。それは明確である。市民のためであり、私たちは社会の要請に応えるために存在している。その根本を見失ってはならないことを再確認して、本稿のまとめとする。

〈参考文献〉
元吉由紀子、2007『どうすれば役所は変われるのか』日本経済新聞出版社
P.F.ドラッカー、2000『プロフェッショナルの条件』ダイヤモンド社
D.カーネギー、1999『人を動かす』創元社
ダニエル・ピンク、2010『モチベーション3.0持続する「やる気！」（ドライブ！）をいかに引き出すか』講談社
トム・ピーターズ、2000『トム・ピーターズのサラリーマン大逆襲作戦（１）ブランド人になれ！』阪急コミュニケーションズ　　　　　　　　　等

住民のための議会事務局を つくるネットワーク

　地方議会活性化のために「議会事務局」の役割が注目されて久しいが、こうした期待に現場の職員としてどのように応えていこうかと思い悩んでいる職員はたくさんいると思う。筆者もその一人であるが、その思いとはうらはらに議会事務局という組織の特殊性が少なからず職員の業務への積極性を阻害しているように感じている。

事務局職員が抱える悩みを共有し乗り越える

　議会事務局は、主義主張の異なる議員の合議体である議会をサポートする組織であるが、総体としての議会と構成員である議員に対して、それぞれ客観的に、そして平等に接しなければならないという思いから、どこまでサポートしてよいのか悩む事務局職員も多い。そして、議員が主役で事務局職員は裏方であるという意識があることから、自身の思いや考えを発言することを躊躇し、結果、受け身的な対応に終始してしまいがちになる。

　また、事務局職員は、首長部局で採用され、議会事務局へ出向し、数年後には、再び首長部局へ戻るという首長側の人事ローテーションに組み込まれていることが一般的である。こうしたことも、事務局職員であるにもかかわらず、首長サイドの意識が働き、相対する議会での職務の遂行が消極的になってしまう一因となっている。

　さらに、議会事務局は首長が率いる執行部と比べると、専門的職員の配置など人的に脆弱といわざるを得ない。首長と対峙する議会が執行部と同等に政策論争を行うには、人員、予算などからしてもその差は大きなものがある。

　こうした環境の中で、事務局職員は、自身の役割にある種の無力さを感じる傾向にあり、議会へのサポートに対してのやりがいを見出しにくいのではないかと感じている。

ネットワークの仲間とともに成長する

　しかし、全国には議会の一員として、しっかりと役割を果たしている職

員がいる。首長と議会は二元代表制において相対する立場であるが、そもそも何のために存在しているのかといえば、どちらも自治体のため、住民の幸福度を高めるためである。フェイスブック、議会事務局職員メーリングリスト（g-mix）、議会事務局研究会などのネットワークを通じ多くの方と出会い、交流を重ねることで、筆者は、事務局職員も執行部職員もその立場を超え、「住民のため」という視点で仕事をしていくべきだという認識を持つに至った。

　筆者の所属する長与町議会では、「議会フェイスブックページの開設」「ユーストリーム・ユーチューブによる動画配信」「議会ホームページのリニューアル」など議会の見える化に力を入れている。これらの取組みを進めるには、議会、事務局内で様々な議論があったが、互いに「住民のため」という認識を共有したからこそ出せた結果であると思っている。

　議会の「見える化」が進むにつれ、住民からの声が届くようになってきた。その声は、感謝の言葉、不満の声、激励と様々であるが、住民と議会の距離は少しずつではあるが確実に近づいてきていると感じている。

　また、議会が新たな政策を実現しようとする時、事務局職員が、政策実現を前提に、様々な手法を議会へ提示することは、重要な役割である。筆者は議会事務局職員メーリングリスト（g-mix）というネットワークを利用し、専門的知識、法令解釈など、様々な視点から助言を求めたり、法律に明記されてないことに関しても、実践事例、解釈をうかがい、より多くの情報を議会へ提示することで、議論が深まり政策実現のための一助となるよう努めている。

　筆者にとってネットワークとは、情報を得る場であると同時に、人との出会いの場であり、共感し、影響を受け、事務局職員として、さらには自治体職員として成長できる場であると思っている。閉塞感を感じている事務局職員こそ、多くの人と出会ってほしい。

　「議会の使命は議会事務局の使命」「議会への批判は議会事務局への批判」である。受け身の姿勢から一歩踏み出し、住民のためにという姿勢で議会事務局の仕事を見直してみると、もっとやりがいと誇りを持てる仕事ができると信じている。

（文責：長崎県長与町議会事務局議事係長　議会事務局職員メーリングリスト（g-mix）管理者　木須美樹）

11 議会事務局のミッションとは何か

Q 議会改革時代の議会のミッションとは何か？ また、議会事務局としては、議会改革にどのように取り組んでいけばよいか？

A 議会事務局には、「市民と議会をつなぐ」という新たなミッションへの理解が深まっているが、今後は、議会事務局職員の主体的な取組みを、「つながり、分かち合い、広げ」、"点から線へ、線から面へのネットワーク"構築を目指していくべきである。

解説

　議会改革がキーワードとして叫ばれる中、首長と議会の対立構造が世間の耳目を集めたことはいまだ記憶に新しい。2010年当時の阿久根市では、市長不信任・議会解散の応酬から、市民による市長と議会の双方の解職・解散を求めるリコール運動に発展し、請求成立による住民投票が行われ、市長は解職され、議会も解散した。この間、阿久根市長は議会を招集しないばかりか、副市長の選任、議員定数・議員報酬削減などの重要議案の専決処分を連発し、最後には議会開会中にもかかわらず、補正予算を専決処分するに至った。

　一方、名古屋市では市長公約の減税案を巡り、首長主導による議会解散のリコール運動が展開され、人口225万人の政令指定都市でリコール請求が成立。これに合わせて市長が辞職し、住民投票と市長選挙、知事選挙がトリプルで行われるという事態が生じた。いずれも、首長主導による議会との対立、議会攻撃であり、地方自治法の枠組みをはるかに超え、「目的は手段を正当化しない」という法治国家の原則すら揺さぶる事態を生じさせてきた。

1 我々は、どこにいるのかを認識する

　しかしながら、事態をここまで深刻にしてきた背景には、地方議会を機能不全ととらえた、市民・有権者の地方議会に対する根深い不信感があることを我々は肝に銘じなければならない。住民福祉の向上のための市民全体の奉仕者であり、かつ地方議会の活動を補佐する我々議会事務局職員もそのレゾンデートル（存在意義）そのものが問われているのである。

　その一方で、栗山町議会を嚆矢とする議会基本条例を制定した議会が今や700以上を超えるなど、地方議会改革の動きは広がりを見せてきている。地方議会改革は、キングダンのいう「政策の窓」＝「課題」「政策」「政治」[1]が開かれつつあるといえるのかもしれない。我々は、今そのような岐路にいる。

2 我々は、何者なのかを意識化する

　我々議会事務局職員は地方議会の日々の活動や議会改革に欠かすことのできない補佐機関であり、いわば「車の両輪」[2]であるにもかかわらず、地方自治法は「議会に関する事務」という文言のみで、我々に明確な任務規程を与えていない。

　第29次地方制度調査会の答申でも、「議会の政策形成機能や監視機能を補佐する体制が一層重要となる。」として、議会の担う機能を補佐・支援するため、その体制の整備・強化が図られるべきことが言及されてはいる。地方議会の最高法規ともいわれる議会基本条例を見ても、「議会は、議会及び議員の政策形成及び立案能力の向上等を図るため、議会

1　政治学者キングダンによれば、政策は①政治的課題として認識されている【課題の流れ】②政策アイデアが練られている【政策の流れ】③政権や関係省庁が推進の立場に立っている【政治の流れ】という条件を満たさない限り「『政策の窓』は開かれず」政策は実現されないという（J. W. Kingdon (2002)『Agendas, Alternatives, and Public Policies』Longman）。
2　三重県議会事務局次長の髙沖秀宣氏は、2010年11月26日の西日本市議会職員研修会での事例紹介『議会事務局の在り方・再考』において「議員と補佐する議会事務局職員が車の両輪」説を展開している。

事務局の調査・法務機能を積極的に強化する。」などと、体制整備の必要性は語られるが、我々が何者であるのか、我々のミッションが何であるのか、明らかにはしていない。

　議会事務局の仕事には、「命令系統の複雑性、補助機関ゆえの主体性の欠如、創造性が発揮しにくい職務内容」などの特有の課題があり、目に見える成果が得にくく、達成感も薄く、やりがいにつながらないという側面は否定できない。言い訳の理由はたくさんあるのである。そのため、とかくタブーやカベが生じやすく、変化への対応も、遅れがちとなる。

　しかしながら、他に責任（＝他責）があると考えたら問題は解決しない。責任は自分にある（＝自責）と考えることで、自ずと解決策が浮かび、意識が高まり、変化へも勇気を持って立ち向かうことができるのではないか。「変化をマネジメントする最善の方法は、自ら変化を作りだすことである」ともいわれる。

　議会改革の時代、議会・議員がその存在意義を問われる今日、その補佐機関である我々議会事務局職員も自らの存在意義をかけて、改革の主体的な役割を担っていかなければならない。

　非営利組織の経営に造詣の深い、マネジメントの父・ドラッカーは次のようにいっている。「組織はすべて、人と社会をより良いものにするために存在する。すなわちミッションがある。目的があり、存在理由がある」（ドラッカー 2009：ⅱ）。「明確かつ焦点のはっきりした共通のミッションだけが、組織を一体とし、成果をあげさせる。焦点の定まった明確な使命がなければ、組織は直ちに組織としての信頼性を失う」（ドラッカー 2007：72）。

　議会事務局という組織とそこで働く我々のミッションや役割を明らかにし、我々自身のものとして共有していくことが重要なのである。

3 我々は、何をすべきなのかを考え、実行する

　筆者はこれまで地方議会改革にかかわる比較的大規模な企画に携わる

ことになったが、その成果は大変大きなものがあった。ここでは筆者がこれまでやってみたことを簡単に整理し、「議会事務局のミッション」考察の足がかりとしたい。

（1）ともかく、やってみよう

議会事務局職員が自分の組織＝議会を離れ、他の議会の議員や市民と行う協働作業は、議員、議会事務局、市民の間に相互理解を生み、信頼関係構築の基盤となりうる、という思いから、2010年5月29日に市民と議員の条例づくり交流会議in九州「九州から始まる見える化議会」を開催した。

「議会改革を議会内部にとどめていてはいけない、議会に市民が関心を寄せ、市民と議会が信頼関係を築けないか」との思いから、企画・運営について、議会関係者以外にも積極的に呼びかけ、5人で始めた実行委員会は最終的に70人の陣容となった。

結果として、議員以外の参加者が大幅に上回り、「楽しかった」「面白かった」などの声が多く寄せられるなど、議会改革に向けての新境地を拓くことができた[3]。

このような取組みの中から、思わぬ副産物も生まれた。第2分科会「議会・議員の使い方を見せる」では、「分かり合いたい市民と議員の本音カフェ」として、コミュニケーションの新しい手法である「ワールド・カフェ方式」を採用した。ワールド・カフェは「知識や知恵は、機能的な会議室で生まれるのではなく、人々がオープンに会話を行い、自由にネットワークを築くことができる『カフェ』のような空間でこそ創発される」という考え方に基づいた話し合いの手法であり、肩苦しいイメージの議会での議論と対極にあるものとして挑戦してみた。

結果としては大きな反響を呼び、大半の参加者が「面白かった」「充実した分科会だった」と評価し、参加した山梨学院大学の江藤俊昭教授は「実際の議会でもワールド・カフェは活かせるのではないか」と指摘

3　月刊「ガバナンス」2010年7月号には「新たな議会改革のステージへの萌芽を感じさせた」と紹介された。

し、中核市である大分市議会の仲道俊寿議長からは、「テーマを絞り、常任委員会でやってみたら面白そう」との感想も寄せられた。

その後の「市民と議員の条例づくり交流会議2010」でも、「市民と議会の新しいコミュニケーションツール」として、分科会でも取り上げられている。今後、議会が市民の参加の場となっていくためにも、こうした参加型討議の手法は大きな可能性を秘めていると思われる。

もう一つ、昨今地方議会でも公式なアカウントをとって情報提供の手段として使われ始めた「ツイッター」も活用してみた。ハッシュタグを［# Citizens_Q］として、会議の内容を発信したところ、遠く北海道からの反響も寄せられた。今やツイッターとユーストリームなどのソーシャル・コミュニケーションは情報発信手段として不可欠なツールとなってきており、議会運営の現場での活用も広がりつつある。我々議会事務局職員もこうしたソーシャルメディアに対する感度を高めていかなければならない。

（2）ドラッカー：5つの質問で「ミッション」を考えてみよう。

かつて200万部を突破した、ベストセラー『もしドラ＝もしも高校野球の女子マネージャーがドラッカーの「マネジメント」を読んだら』（岩崎夏海2009）によって、中・高・大学の運動部、生徒会からあらゆる業種の企業まで、ドラッカー・マネジメントが広がった。それ以降、今日に至るまでそれぞれが抱える問題を解決するために、ドラッカーのマネジメント思想に学び、活用しようとしているようである。

ドラッカーの5つの質問は、非営利組織に損益という概念がないために、「自分たちが何をし、なぜそうしているのか、また何を行わなければならないのか、ということについて考えるために必要な最大のマネジメント手法である」（ドラッカー1995：25）とされ、この5つの質問に答えていくうちに、その使命を明確にし、顧客が誰で、その顧客が何を価値あるものと見ているかなどを見いだすことができ、組織の目的・成果を達成することができるといわれている。

2000年から始めた福岡市役所のDNA運動では、これらを「MOVEシー

ト」として作成し、「我々はなんのためにこの仕事をしているのか」を議論し、課題解決に取り組んでいた（吉村慎一2003）。

そこで、筆者は以下の2回の機会を活用し、議会事務局という組織とそこで働く我々のミッションや役割を明らかにし、我々自身のものとして共有すべく取り組んでみた。

2010年8月29日に、「市民と議員の条例づくり交流会議2010第4分科会「議会事務局のミッション」を行った。

この会の基本コンセプトは、「市民と議会をつないでいく議会事務局改革へ向け、ワールド・カフェ方式を活用しながら、首長や議員にではなく、市民への責務を果たすための議会事務局のミッションとはなにか。たんなる庶務ではない、市民の意思決定機関の補佐機構としての活動と役割、市民と議会をどうつないでいくか。参加者全員がグループに分かれ、ざっくばらんに意見交換をする」というものである（次頁の表1参照）。

限られた時間内での取組みであるために、十分に練り上げられたものではないが、書き出された内容は、それぞれ市民との関係性を重視したもので、情報公開が中心のミッション・ステートメントとなっている。議会事務局に求められている環境の変化、議員のサポートのみならず、「市民と議会をつなぐ」という、新たなミッションへの理解が深まっていることが看て取れる。

この5つの質問はそれぞれ相互規定の関係にあり、仕事の相手としての顧客が誰なのか、それによりその顧客の求める価値は異なり、顧客の定義によってミッションが規定されていくこともある。一方で、まずミッションを明確に定めることによって、誰が顧客なのか、その顧客の求める価値も異なってくる。したがって、顧客を議員とするのか市民とするのか、より具体的であればあるほど、ミッションもより具体的なものになる。

そうした点から考えると、議会基本条例は、議会のミッション・ステートメントそのものであるといえる。栗山町議会基本条例前文には、「議会は、その持てる権能を十分に駆使して、自治体事務の立案、決定、執行、評価における論点、争点を広く町民に明らかにする責務を有してい

表1　市民と議員の条例づくり交流会議2010「議会事務局のミッション」（2010年8月29日）

＜プログラム＞

基調報告「議会事務局改革の方向性」駒林良則氏（立命館大学教授、議会事務局研究会代表） 質疑／アクション・ラーニングによるディスカッション
本音トーク／ワールド・カフェ ＜第1ラウンド＆第2ラウンド＞ 議会事務局の「おかしいと思うこと」「こまっていること」を本音カフェ ＜第3ラウンド＞ 「ドラッカー：5つの質問」に沿って書き出し、ミッション・ステートメントを「私たちの目指す議会事務局のこれからの姿」としてまとめる。

＜やったこと＞

以下、◆は5つの質問について、それぞれのグループが書き出したもの。
①われわれの使命（ミッション）は何ですか：「なんのために組織があるのか。活動の目的、組織の存在理由。」 ◆円滑な議会運営の支援、有権者への情報発信、地方議会の活性化、政策立案の支援 ②われわれの顧客は誰ですか：「活動対象としての顧客（満足や便益を得る人）とパートナーとしての顧客（支援、協力する人）」 ◆議員、有権者、こども達（未来の有権者）、執行部の職員 ③われわれの顧客は何を価値あるものと考えていますか：「組織の仕事を通して充足すべき顧客ニーズの中身、若しくは解決すべき課題。」 ◆有権者の反応、わかりやすい議会報告、議会との双方向の対話、議会の方向性の情報 ④われわれの成果は何ですか：「組織として具体的に求められる成果、何をどのような状態にしたいのか。」 ◆政策立案、議員による監査、投票率アップ、ICT活用による情報提供、議会事務局の成長 ⑤われわれの達成したい計画は何ですか：「組織の使命を全うするための、業務遂行の方向性／方針。使命を果たし、成果を実現し続ける職場のイメージ、ありたい姿。」 ◆研修の増加、他との交流、全国的ネットワークづくり、学習会の企画、議会改革情報の提供

＜わかったこと＞

5つの質問を辿りながら、各グループが「私たちの目指す議会事務局のこれからの姿」をミッション・ステートメントとしてまとめてみた。
A班：私たちは、市民と議会の接点となるために、議会機能の向上を図り、論点／争点を明らかにする情報公開を徹底します。 B班：私たちは、適正な地方議会の確立を目指し、情報公開を徹底する。市長と議員を通り越し、市民と堅く結びつく。 C班：私たちは、開かれた議会として、情報公開を進め、プロの集団を目指します。 D班：私たちは、市民に役立つ議会にするために、議員の意識改革、事務局の改革を進めます。

表2　第60回西日本市議会職員研修会（2010年11月25-26日）の成果
＜プログラム＞

第一日／基調講演：『議会事務局のミッション』廣瀬克哉氏（法政大学教授） 交流会＆ワールド・カフェ：「今日気がついた議会事務局のミッション」
第二日／事例紹介：『議会事務局の在り方・再考』髙沖秀宣氏（三重県議会事務局次長） 『実は一番面白かった部署』中尾修氏（前栗山町議会事務局長） パネルディスカッション：『議会改革時代の議会事務局像』 コーディネイター：前田隆夫氏（西日本新聞社）、パネラー：髙沖秀宣氏、中尾修氏

＜やったこと＞

基調講演のあとの交流会でワールド・カフェ／本音トークを実施した。「そもそも議会事務局に期待されていることって何？　4つの視点、議員から、執行部から、市民から、未来の有権者から」「今日気がついた議会事務局のミッション」との問を投げかけ、それぞれの気づきをポストイットにまとめ、模造紙に貼りだした。

＜わかったこと＞

参加者138人がそれぞれのポストイットに書いた議会事務局のミッションを本研究会が分類した4つの機能毎に分析し、（　）内に主なものをあげてみた。⑤⑥については、上の4つの機能としてとらえられないものとして分類したもの。※重複有り。

① 「議会運営を補助する機能」5件
　（議会がスムーズに運営される補佐、市民の声が行政に反映される議会運営の補佐）
② 「議会の監視機能・政策立案機能を支援する機能」9件
　（議員のシンクタンク、政策の発案のための火付け役、政策能力を高める法制・常識のつまった引き出し、政策能力を有する議員を養成する機関、など）
③ 「議会と執行機関との調整的機能」21件
　（議員と執行部の両輪が回るように、よりよい政策が達成できるように橋渡し、執行部との架け橋、執行部とのやりとりを良好に、など）
④ 「議会と住民との媒介的機能」54件
　（市民に対してわかりやすく説明する、議会が市民に理解されるよう努める、市民との架け橋、垣根を低くする、議論のステージをセットする、論点・争点を有権者の視点に立って伝えていく、こども達が議員になって町を良くしたいと思ってもらう、住民への見える化実現、情報をリアルタイムに伝える、市民と議員の距離を近づける、市民の意見を議会に反映させる、など）
⑤ 「議会／議員への働きかけ」56件
　（議員のやる気を出させる方法を考える、議員の地位を高めるための意識と知識の醸成を手助け、議会改革の手段を提供する、議員の活動しやすい環境をつくる、議員個々のモチベーションを高めるコーチング、議員の目立ちたい精神をくすぐって有効活用、議員の意識改革をこっそり・じんわり進める、議員に目標を持ってもらえるように後押し、議員を議員足らしめる支援、など）
⑥ 「自分自身へ向けたもの」14件
　（はっきりことわる、忍者のようになる、断固とした態度をとる、操るための方策を考える、やるべきことを自覚し実践する、自分自身が変わる、自分の意識改革、職員間の情報交換、など）

る。自由かっ達な討議をとおして、これら論点、争点を発見、公開することは討論の広場である議会の第一の使命である。」とある。これは「地方公共団体には、法律の定めるところにより、その議事機関として議会を設置する。」（憲法92条）とした憲法の要請にも応える、まさに地方議会のミッション・ステートメントそのものであり、顧客もミッションも明確である。つまり、顧客は町民であり、ミッションは自治体事務の立案、決定、執行、評価における論点、争点を発見、公開することにある。

このことから、取り組むべきことは明らかである。議員間討議であり、一般討議であり、議会報告会などが想起される。我々もこうしたミッション・ステートメントを獲得すべきであり、今後の議会基本条例の制定に当たっては、議会事務局のミッションを明確に謳うべきである[4]。

2010年11月25日・26日には、第60回目となる西日本市議会職員研修会においてもワールド・カフェを試みた（前頁の表2参照）。

表2の〈わかったこと〉を見ると、議会事務局の本来的かつ、古典的な機能としての議会運営の補佐機能、監視機能や政策立案を支援する機能をあげたものは限定的であり、執行機関との調整や住民との媒介的機能を自らのミッションと考える傾向が強いことが特徴的である。ここでも、「市民と議会をつなぐ」という、新たなミッションへの理解が深まっていることが看て取れる。

その一方で、議会／議員への働きかけをあげたものも多く、自分自身へ向けたものも含め、必ずしも改革に熱心ではない議員の間で、揺れ動き、葛藤する複雑な議会事務局職員特有の心情も窺うことができる。

4 つながり、分かち合い、広げよう〜点から線へ、線からネットワークへ

昨今、自治体職員のネットワーク活動が活発である。会員数700人を超える「自治体職員有志の会」[5]は「自治体職員を取り巻く環境が大き

---

4 横浜市議会局は局の運営方針を定め、HP上に公開しており、その基本目標を「議員・市民・行政から信頼される議会局〜横浜市会が、地方分権時代を先導し、二元代表制に於いて市民が議会に期待する役割を十分に発揮できるよう、議会局は一体となってサポートします。〜」と定めている。http://www.city.yokohama.jp/me/sikai/houshin.html

く変わる中で、危機感ばかり持つのではなく、自治体職員個々人が主体的に、あるべき自治体の姿、あるべき自治体職員像をともに考えるため」に設立されたものであり、「モノ言わぬ公務員から良いことを言い実行する公務員へ」をモットーに、メーリングリストによる意見交換、ホームページによる情報提供、提言活動、講演会・オフ会・シンポジウムの開催、月刊「ガバナンス」でのメンバーによるリレー連載など、その活動には目を見張るものがある。

このほか、行政経営フォーラム、地方公務員SNS「eLsession（エルセッション）」、「地域に飛び出す公務員ネットワーク」、「KGPM」、「K-NET@全国都市改善運動ネットワーク」[6]など、会員数は数百人から千人を超え、いずれの活動も活発である。しかしながら、議会事務局職員の影は薄く、地方議会がテーマに掲げられることはほとんどない。

一方、2006年の栗山町議会における議会基本条例制定を画期として、「地方議会改革」をテーマにしたセミナーやシンポジウムは驚くほどの盛況ぶりである。毎年夏の土日の２日間開催されている地方議会改革のメッカともいうべき「市民と議員の条例づくり交流会議」[7]には、毎年北は北海道から南は九州・沖縄まで議会改革に熱意のある議員が集まり、各地の先進事例に学び、そのネットワークを広げている。

地方議会改革を進めていくにあたってのノウハウと熱気の配電盤の観があり、点から線に、線から面に広がりつつある。筆者も自費参加をしているが、議会事務局職員の参加者は漸増傾向ではあるものの参加者の一割に満たず、ここでも議会事務局職員同士の交流は限定的であり、まだまだ点在するのみである。

5　自治体職員有志の会HP http://www28.atwiki.jp/career_design/
6　K-NETは、2007年から開催されている全国都市改善改革実践事例発表会に携わってきた人材を中心に設立した改善改革運動の全国的な普及啓発をめざしたネットワークである。全国各地に存在している改善改革運動の実践者たちをつなぎ、そのノウハウや実践事例に関する情報を共有化することで、改善改革運動のレベルアップを図っていこうとしている。この全国大会は、自治体の改善事例を一同に集め、全国規模で改善情報の共有化を図るとともに、自治体の業務改善の本質に迫り、参加者がそれぞれの職場で効率的な行政運営と不断の改善改革に取り組むことを目的として開催されている。第5回目を迎える本年は、岩手県北上市で「カイゼン万博2011 in いわてきたかみ」として開催される。残念ながら、この大会にも議会事務局の参加実績はない。http://www.city.kitakami.iwate.jp/sub04/gyousei/gyousei01/page_5600.html
7　「市民と議員の条例づくり交流会議」のHP　http://www.citizens-i.org/jourei/

議会事務局職員は、少数かつ精鋭である。改革の進まぬ議会に身を置く職員は、改革派の議員が当初そうであったように、畢竟孤立する。よほどの鉄人でなければ道は開けまい。そこで必要なのはまずは、つながることではないか。苦労を分かち合い、改革のノウハウを共有して、改革の輪を広げていくことだと思う。

　本研究会の一員である大阪府和泉市議会事務局の奥山高起氏が、他の自治体の議会事務局職員に呼びかけ、[g-mix]というメーリングリストを立ち上げている[8]。

　その狙いは
　①ネットワークによって、やる気を現在、そして未来へつなぐ。
　②発信しにくく、発信する場がなかった議会事務局職員が情報、知識を共有する。
　③自分の議会を客観視する目を養う。
　④住民の視点で、意見、提言ができる職員になる。
　⑤頑張っている職員が互いの疲れを癒す、

としている。それぞれの事例を紹介しながら、互いをベンチマークし、意見を交換。ときには愚痴をこぼしながら、自らが依って立つ地方議会の改革に向けてネットワークを広げている。こうした取組みが、今、最も求められているのでないだろうか。

　地方議会改革へ向けた議会事務局職員の主体的な取組みを、そして点から線へ、線から面へのネットワーク構築をめざそうではないか。

5　激動の世の中を生きるために

　最後にドラッカー著『経営者に贈る5つの質問』の一節を紹介したい。「ミッションを持つことは、激動の世の中ではますます重要となる。世界がどう変わろうとも、人は、誇りあるものの一員たることを必要とする。人生と仕事に意味を必要とする。絆と心情の共有を必要とする。予

8　「議会事務局研究会」のHP　https://sites.google.com/site/gikaijimu/

測不能な暗夜にあっては、導きとなる原理、丘の上の灯火を必要とする。人類の歴史上、今日ほど、自由と責任という自治の精神のもとに、意義あるもののために働くことが必要とされているときはない」(ドラッカー2009：20)。

〈参考文献〉

岩崎夏海、2009『もし高校野球の女子マネージャーがドラッカーの『マネジメント』を読んだら』ダイヤモンド社

江藤俊昭、2009「地方分権時代の議会事務局の充実手法－『議会事務局職員調査』を素材として－」『地方財務2009年6月号』ぎょうせい

神吉信之、2010「議会は変わる「九州から始まる見える化議会」市民と議員の条例づくり交流会議in九州」『地方自治職員研修2010.8』

駒林良則、2010「住民と議会をつなぐ懸け橋に－議会事務局研究会の報告と改革の方向性」『日経グローカルNO.152』

駒林良則、2010「議会事務局の充実強化について－課題と今後の方向性」『地方自治職員研修2010.7』

駒林良則、2010「議会事務局の現在・未来」『月刊ガバナンス2010.8』

髙沖秀宣、2010「市民と議会を結ぶ議会事務局」『月刊自治研2010.10』

P.Fドラッカー、1995『非営利組織の「自己評価手法」』ダイヤモンド社

P.Fドラッカー、2007『ポスト資本主義社会』ダイヤモンド社

P.Fドラッカー、2009『経営者に贈る5つの質問』ダイヤモンド社

中尾修、2010「地域主権」時代の自治体議会の在り方」『地方自治職員研修2010.1』

廣瀬克哉、2010「議会事務局のミッション」『西日本市議会職員研修会資料』

吉村慎一、2003「自治体の経営改革－福岡市の挑戦：DNA2002計画」『パブリック・セクターの経済・経営学』NTT出版

議会事務局への異動は最大のチャンス

議会基本条例を制定した自治体議会が700を数える今日、議会基本条例の制定を通した自治体議会改革は、いわゆる「クリティカル・マス」を超えてきているかもしれない。そして、地味で黒子のような存在だった議会事務局の改革にも、ようやく光が当たり始めてきたようである。

広がり始めた「議会事務局改革」

筆者が所属する「議会事務局研究会」は、これまで報告書やシンポジウムのかたちで広く情報発信にも取り組んできている。その問題や関心でも、議会事務局の役割や機能の変化を指摘し、議会事務局の充実強化を阻害している制度的課題の検討からは、議員のサポートのみならず住民と議会をつなぐ存在としての「議会と住民をつなぐ架け橋」論の展開など、議会事務局そのものの改革、いわば「改革の客体から主体へ」の変化・深化が見て取れるのである。

栗山町議会で見た弛まぬ改革の熟度

さて、過日議会基本条例発祥の地、栗山町議会を訪ねる機会を得た。彼の地での条例づくりの発端ともなった議会報告会をこの目で見ておきたいという長年の宿願を果たすためである。

今回の議会報告会は全4日間、12会場に分かれて開催されており、テーマは「議員定数と報酬」。ど真ん中の直球である。筆者は3日目、2014年2月20日の南部公民館での議会報告会、さらには翌日の「議員定数問題等調査特別委員会」における参考人質疑を傍聴した。紙幅の関係から、ここでは詳しくは触れないが、参加された町民の冷静かつ賢明な意見が続き、積み重ねてきたものの厚みを感じた。

なかでも強く印象に残ったのは、議員と議会事務局職員の一体感、信頼感である。議会報告会、特別委員会ともに、元議会事務局職員であるF氏が傍聴に同席してくれたが、議員の方々と自然体で接し、言葉を交わす姿、さらにはお世話いただいた現事務局職員であるK氏の仕事ぶり、権威に走

らぬ各議員の言動から、議会事務局に合計12年籍を置いた筆者の空気感として、まさに「議会・議員と議会事務局職員は車の両輪である」ことを体現したものとして、栗山町議会の改革の熟度を痛感させられた。

想定外の異動によって「市民」の存在が見えてきた

　さらに、議場に立ち、筆者が想起したのは、彼の地の元議会事務局長中尾修氏があるセミナーで発した「議会事務局への人事異動は公務員人生にとって最大のチャンスである」という金言である。数々のドラマが展開されたこの議場の力が生み出したキラーメッセージだったのかもしれないとの思いを強くした。

　その金言に初めて触れた折、筆者は我が意を得たりと膝を打った。わが公務員人生を振り返ると、最初の議会事務局への異動は採用されて15年目。厳しい事業にも揉まれ、自治体職員として若いが故の自信を持ち出した時期でもあった。

　想定外の異動だったが、それまでいかに自分が机の上でものを考え、役所の窓からものを見ていたかを気付かせてくれる貴重な機会となった。自治体職員として壁にぶち当たれば当たるほど、市民一人ひとりがどういう状況で、何に困って、どう考えているのかという市民目線が大事であることを痛感させられてきた。選挙で選ばれた合議制の議会には、独任制の首長以上に、たくさんの市民からの情報が集まってくる。

　人口減少社会を迎える今日、「討論の広場」である議会の役割はますます大きくなってくるはずである。一人でも多くの議会事務局職員の皆さんに「議会事務局への異動は公務員人生にとって最大のチャンスである」と実感していただくことを念願している。

　　　　　（文責：元福岡市議会事務局・議会事務局研究会会員　吉村慎一）

12 市民と議会を結ぶために議会事務局にできることとは

Q 議会事務局は、一義的には議会のための事務局であるが、議員からどのような役割を発揮してほしいと思われているか？

A 議会事務局職員は、議員の後ろにいる市民のために、市民と議会をつなぐ仕事をしているということを常に意識してもらいたい。そのために、議会の調査・政策立案のサポートに力を入れて、議会が市民のための議会として活動できるようにサポートしてほしいと思っている。

解説

　地方分権、地域主権がいわれ、行政部門での政策立案や政策実施への市民参加・協働が進められている。一方、議会への市民参加・協働の場としては、議会報告会や公聴会、議会と市民の懇談会など行われているが、いまだ一部の議会にとどまっている。

　また一方、市民から選ばれた議員と市民が対立することもある。例えば、市民参画を経て立案された政策が議案として議会に提案され、議会が否決したときや、議会で反対意見が出ると、立案にかかわった市民には議会は市民の抵抗勢力と写る。また逆に、議員から見ると政策立案にかかわった市民は一部に過ぎず、議会こそ市民の代表だという議員もいる。

　選挙で選ばれた議員が議会でどのような役割を果たしているかが市民には見えにくく、逆に議員は自分の支援者や、日常よく接する市民のことはよくわかっても、市民全体のことに目がいかないことが、このような対立を生む一つの要因ではないだろうか。

　議会が市民の代表として、首長の行財政運営を監視するだけでなく、

立法機関としての政策提案を行っていくためには、議会と市民の距離がもっと近くなり、お互いに理解しあうことが必要である。そのためにも議会への市民参加・協働をもっと進めるべきであると考えている。

そして、議会事務局職員には、議員のため、議会のための庶務業務、議事業務にとどまらず、議会への市民参加・協働を進めるために、市民のための議会事務局職員として働いていただくことを筆者は議員の一人として願っている。

以下、議会事務局の分掌事務の中から抜き出した数点について、現状と課題、そして議会事務局に望むことをまとめた。

1 議員から見た議会事務局の現状と課題

議会事務局は、庶務課と議事課に分かれており、その分掌事務については議会事務局規程に定められている（142頁〈参考1〉参照）。

(1) 庶務

庶務課は、議員の議会活動がスムーズに行えるようサポートしており、議会開催日以外は不定期に来る議員への事務連絡など、とくに会派控室に事務員を置いていない議員にとっては、秘書的な機能を果たしているといえる。

しかし、議会事務局庶務課としてサポートする範囲はどこまでなのか、議員によってサポートの程度に差はないのか、ともすれば議員と必要以上に懇意になり過ぎ、議員の個人的な要求にまで応えようとしていないか、など、庶務の範囲の明確化、公正化が重要である。

例えば、議員が庶務課職員に文書のコピーを頼むことはできるか、議員への来客時にお茶を出すことを依頼できるか、また、元議員の有志等で構成される団体「議員待遇者会」に関する事務が事務分掌に書かれているが、市民感覚からすると議会事務局の行う業務の対象範囲に入らないのではないか、など、本来の議会事務局がすべきこととそうでないこととの線引きが曖昧になっているように思う。

また、すべてがそうかどうかは不明であるが、対外的な場所で議長や委員長があいさつをするときの文章は議会事務局が整えている場合があるが、それも議会事務局の業務であるのか、疑問である。
　もっと議会事務局の庶務業務を本来業務に限定し、議会の政策立案や市民参加・協働に業務シフトしていただきたいと思う。

（2）議事進行

　議事課は、その名のとおり議会議事に関する業務を行っているが、中でも議事進行は、現状として議事課職員がいなければ進まない状況にあるように思う。
　議会や委員会の会議のいずれの場合においても、議長（委員長）の口述書が議会事務局により準備され、議長（委員長）はこの口述書に基づき発言し、会議を進行している。もちろん、発言の許可などその会議を取り仕切るのは議長（委員長）の権限であるが、進行そのものについては、議長（委員長）は、いわば議会事務局の作成した脚本どおりに進める進行係である。
　また、本会議において委員長が委員会での審議内容や結果を報告するが、このときの発言も議会事務局が作成した報告書どおりに行っている。したがって、委員長は委員会の審議がスムーズに進むことを第一に考えて進行するだけでよい。議会事務局は様々な法規に抵触しないように、無難に報告書をまとめているが、その結果として、だれが委員長であっても同じような、無味乾燥とした委員長報告となっている（参考２）。
　しかし、他の自治体議会では委員長報告は委員長と副委員長が話し合ってまとめ、作成し報告していると聞き、筆者自身それまで当然と思っていたことに疑問を抱いた。
　現在、議会事務局が議事録メモを取り、審議内容をまとめてくれるからこそ、委員会委員長報告ができるが、それでよいのだろうか。他の議会ができているのであれば、どの議会でもできるのではないだろうか、と思った。
　採決結果や討論のときの委員意見、発言の内容など、誰が報告するに

しても変えてはいけないことは別として、その委員長ならではの言葉遣いがあってもよいのではないだろうか。そうすることによって、特徴ある委員会報告ができ、傍聴者も関心を持って傍聴するのではないだろうか。

「議会の進行に個性など必要ない。十年一日の如く同じ口述様式であることが議会の伝統である」という意見もあるかもしれないが、議会に個性を持たせることが、議会への市民の関心が増すことにつながり、市民から見られる（聴かれる）ことにより議員も切磋琢磨していくと考えている。

議員自らが議会の一員として責任を持って議事進行し、報告することを、議会事務局はサポートするだけにとどめるべきであると考える。

（3）行政一般の調査、議案の調査　資料収集、整理および提供

調査担当の職員がいるが、筆者個人としては調査依頼するのは、他自治体の状況について正式に議会事務局を通じて調査依頼を出した方がよい場合（調査依頼書を求められた場合）に限っている。

なぜなら、電話での聞き取り調査やインターネットによる調査は議員本人でも簡単にできることと、直接本人が調査する方が、調査の対象を広げたり、深めたり、改めたりすることが迅速にでき、調査の精度を高めることができるからである。

このように調査目的や対象、時期がピンポイントで決まっている場合であれば、議員本人でもできるが、あるテーマに関する情報を一定期間収集し、まとめるという手間も時間もかかる調査については議会事務局に担ってもらうことができれば、議員の政策提案への大きな支援となると考えられる。

また、例えば、予算状況調査、決算状況調査など調査結果をまとめて議員に配布しているが、調査依頼件数、内容が現在の議会事務局職員が対応できる限度以上になる場合も考えられることから、一議会事務局だけで対応するのではなく、複数の議会事務局の共同調査センターや、あるいは、民間の調査団体に任せることもあると考える。さらに、調査結果のまとめは、共通資料として議員だけでなく市民にも公開することで、

公費を使った調査結果の市民への還元になると考えている。

(4) 議会だよりの発行

　筆者の所属する吹田市議会の議会だよりは、すいた市議会だより発行規程第1条において「行政に対する議会の諸般の事項を市民に報道周知し、もつて市民の建設的な要望意見を聴取して、これを市政に反映させ、本市自治の高揚を図るため」発行するとしており、第4条で編集事務は議会事務局職員が行い、第3条で発行に関して編集の適正を期するために議会に編集委員を置くとしている。

　議会だよりは現在、大部分の原稿を議会事務局が作成しレイアウトまで行った版下原稿について、議会だより編集委員会で適正なものとなるようチェックしている。ただし、適正となるようチェックするといっても、すでに会派代表質問の原稿はその会派でチェックされたものであるので、よほどのことがないかぎり編集委員会で原稿を変えることはない。

　なお、「大部分の原稿」としたのは、会派代表質問に関する原稿は他の会派のことは不明であるが、筆者が代表質問したときの原稿は質問した議員本人が作成するのが当然と考え、自分で作成しているからである。

　このことについても、議員質問の概要は質問した議員本人が作成し、実際に発言した内容と齟齬がないかどうかを編集委員会でチェックすればよいことであり、議会事務局は事務的な部分の原稿を作成するだけでよいのではないだろうか。議事進行と同じく、議会事務局は議員がなすべき仕事にまで手を出しすぎているのではないだろうか。

(5) 議会図書室

　議会図書室の管理について、現在は、図書購入、配架は議会事務局職員が行うが、図書の貸出返却は議員が行い、貸出簿で管理している。図書購入については、希望を出せば予算の範囲内で購入してもらえるが、貸出簿を見る限りにおいて、議員のうち図書を利用しているのはごく一部、数人しかいない。

　一方、政務活動費に図書購入費があり、会派単位で図書を購入してい

るが他の会派がどのような図書を購入しているかわからないため、他の会派と同じ図書を購入していたり、あるいはすでに図書室にある図書にもかかわらず会派で同じ図書を購入していたりするので、図書の購入情報を議会事務局で管理し、会派間で共有することができれば、図書購入の重複、つまり無駄遣いを避けることができるのではないか。

　また、図書室には行政資料、本会議録・委員会記録、法令集がある。議員だけでなく、行政職員も閲覧や貸出しができ、市民も閲覧のみではあるが利用できるので、もっと有効活用が図れれば、所蔵されている図書や資料の価値もあがるのではないか。

　さらに、行政部門には情報公開課があり、行政資料閲覧コーナーにおいて各部が所管している審議会等の会議録の公開、行政資料の販売も行っている。議会図書室と市立図書館との重なる部分、議会図書室と行政資料閲覧コーナーとの重なる部分、それらを検討見直しし、市民にも議会図書室をこれまで以上に開くことで、開かれた議会の一つの形とできるのではないだろうか。

2 市民のためという意識に根付いたサポートを望む

　以上、筆者が見たまま経験したままを記したため、筆者の理解が不足し、誤解しているところもあるかもしれないが、一議員から見た議会事務局ということでご容赦願いたい。

　議会事務局は一義的には議会のための事務局であるが、それは市民のための議会であることにつながっている。したがって、議会事務局は、市民のために市民と議会をつなぐ仕事をしているということを常に意識してほしい。

　そして、議会事務局は、本来議員がすべきことまで手を出しすぎているので、その出しすぎた手をもっと議会の調査、政策立案のサポートに使い、議会が市民のための議会として活動できるようサポートしてほしいと述べて、まとめに代えたい。

（文責：吹田市議会議員　いけぶち佐知子）

〈参考１〉市議会事務局規程から課及び係の分掌事務に関する部分を抜粋

庶務課

庶務係

（１）議員の身分及び職員の人事に関する事項
（２）儀式、交際、接遇及び渉外に関する事項
（３）文書の収受、発送及び整理保存に関する事項
（４）公印の管理に関する事項
（５）議会関係各室の管理に関する事項
（６）乗用車の運用に関する事項
（７）議員の研修に関する事項
（８）議長会等に関する事項
（９）吹田市議会議員待遇者会に関する事項
（10）政務調査費に関する事項（経理係の所管するものを除く。）
（11）他の課、係の所管に属さない事項

経理係

（１）予算、決算及び会計に関する事項
（２）議員の議員報酬、費用弁償及びその他給与に関する事項
（３）市議会議員共済会に関する事項
（４）政務調査費に関する事項
（５）議員の諸給与及び福利厚生に関する事項
（６）物品の出納、保管に関する事項
（７）議員の慶弔慰その他福利厚生に関する事項
（８）その他経理に関する事項

議事課

議事係

（１）本会議及び全員協議会に関する事項
（２）常任委員会、特別委員会及び議会運営委員会等に関する事項
（３）議案及び陳情に関する事項
（４）役員、委員等の選任及び退任に関する事項
（５）発言通告に関する事項
（６）議決原本、会議録等の作成に関する事項

（7） 議決事件等の報告に関する事項
（8） 傍聴人に関する事項
（9） 先例（事例）集の発行に関する事項
(10) その他議事に関する事項

調査係
（1） 市政一般の調査に関する事項
（2） 議員提出議案及び議会関係諸規程の立案に関する事項
（3） 議案の調査に関する事項
（4） 請願に関する事項
（5） 資料の収集、整理及び提供に関する事項
（6） 議会だより及び市政概要等の発行に関する事項
（7） 議会図書室に関する事項
（8） 調査、視察来庁者に関する事項
（9） その他調査研究に関する事項

〈参考２〉委員長報告の一例

　過日の本会議におきまして、○○委員会に付託されました議案第○号について、審査いたしました経過並びに結果を報告いたします。
　本案は、・・・(中略)・・・とするものであります。
　理事者の説明の後、委員から・・・(中略)・・・などについて質問がありました。
　以上が主な質疑項目であります。
　本案に対する意見は別段なく、続いて採決しましたところ、全員異議なく議案第○号を承認いたしました。
　以上、報告を終わります。

13 「車の両輪」となるために議会事務局に望むものとは

Q 「議会と執行部は車の両輪だ」といわれるが、そのときの事務局の立ち位置はどのようなものか？

A 議会改革とは、議会を元気にするための改革であり、むしろ、「議員と事務局こそが車の両輪」である。そこでは議会事務局職員は、「議員の思考を停滞させない⇒議会を機能不全にさせない」ということが大事な役割である。

解説

　図書館づくりの市民運動にかかわる過程で、たまたま降ってわいた補欠選挙により議会へ飛び込んだ筆者にとって、議会事務局は「市役所の一部署である」との認識であった。そのため、職員とどのように接したらよいのかわからず、一般質問の通告時も「詳しい内容を伝えたら『敵』に手の内を明かすことになるのではないか」との懸念を持ち、職員と仕事の話はほとんどしないような状況であった。

　その後いろいろな場面を経験することにより、事務局職員は議員にとって一番の仲間であり「議員と議会事務局こそが車の両輪だ」と確信し、積極的に意見交換の機会を得てきている。

　今回、議員としての経験から事務局に望むことについて提言しようと思う。もとより自治体議会の運営は地方自治法の範囲内で独自になされており、「議会の数だけ議会運営がある」といわれるように、必ずしもどこの議会でも当てはまる普遍的なことばかりではないと思われるが、問題提起としてご容赦いただければ幸いである。

1 事務局による「執行部の一部署」ではない政策立案へのサポート

　最近受けたアンケートに「あなたの所属する議会は、議会優位か、執行部優位か、緊張関係にあるか……」という設問があった。「緊張関係にある」と答えたいところだが、結果としての執行部優位は否めない。以前NHKが行った全国都道府県議会へのアンケートでも、1年間で、執行部提案の条例や予算を修正・否決した事例は数件のみで、99％が原案通り可決であったと報道されていたように、議会としての力が問われる時代が来ている。

　かつて、2009年度に当市（伊万里市）が総合計画の改定時期に来ていたことから、議会運営委員長として、地方自治法96条2項を活用し「基本計画」までを議決事項とする条例の提案を思い立った。

　しかし、議員間でその意義についての理解に差があったため議長に相談し、全議員を対象とする勉強会から始めることとした。市の例規審査委員会専門員でもある法制に長けた事務局職員に講師を依頼し、憲法下での議会の位置付けから始めて地方自治法96条2項の意味等についてわかりやすい解説を受けた。

　これにより、議決事項拡大にどちらかというと消極的であった議員も十分にその必要性を認識し、全会一致で条例化した。それ以前の改定時は（総務部が総合計画の取りまとめ部署であることから所管の）総務委員会で議案の一つとして基本構想のみ数時間で審査していたものを、今回は特別委員会を編成して3日間審査し、最終的に4箇所を加筆修正の上、可決した。

　このような事例を経験し、（もちろん一番大切なのは議員個人の認識だが）議会全体として取り組むべきことを整理し、そのための素地作りに対する事務局のサポートが重要だと確信した。

　そのためには、当初筆者が感じたような「執行部の一部署」ではない事務局のあり方が不可欠である。

　ここで「議員と事務局こそが車の両輪」であることを如実に表す次の

例をご紹介したい。

　三重県議会では、議会費（費用弁償）を削減する際、削減分を事務局職員の研修費に充てるよう提言されたと聞く。まさに「大事な仲間」としての意識であり、ぜひ参考にしたい事例である。

　「議会改革とは議会を元気にするための改革であり、そのための栄養剤は議会を構成する個々の議員における『合理的に整理された情報』と『知識』であると思う。（請われて勉強会の講師を務めた結果）自分たちが『どういう位置にいて、どういう存在で、どういう力を持って、何を使命とするのか』という当たり前のごく単純なことをはっきり認識することで、単なる派閥とは異なる政策集団であることに気付いていくのではないかと感じた。そこで『議員の思考を停滞させない⇒議会を機能不全にさせない』ということが議会事務局職員の大事な役割なのかも知れません」と、上述のサポートをしてくれた職員がメッセージを残してくれた。

　まさに、議会改革によって議会が元気になり、二元代表制の一翼を担うに相応しい存在にならなければと筆者も思う。

②　議員の活動に対する是々非々を前提としたサポート

　年齢・性別はもとより、経歴などにも多様性のある議員個人へのサポートも重要である。調査事項へのアドバイスはいうまでもなく、様々な情報を収集し、提供することも事務局に求めたい。

　マスコミなどから政務活動費等に関する指摘が相次ぐ中、判例や識者からの指摘を共有し、見直すべき点があれば積極的に取り組む際にも事務局の果たす役割がある。研究会の議会事務局職員のメンバーから「政務活動費の使途に問題だと思う点があれば、身を挺して議員に進言する」との話を聞いた。もとより政務活動費の使途は議員個々人の責任であるべきものだが、主観的な判断だけでは難しいこともあり、事務局職員が是々非々で意見交換できる相手であってほしいと切望する。

　また、委員会運営への事務局のかかわりについても考えたい。当議会の委員会において事務局職員は、委員長席から一番遠く委員席の端に位

置し、録音をしながらメモを取ることが主たる役割となっている。ところが他の議会では、正副委員長の横に着席して議会運営へのアドバイスを行っているとの話を聞いて正直驚いた。委員会が本会議の縮図であることを思えば当然ではあるが、自分たちのやり方しか知らないために問題として意識することはまったくなかった。

　他方、議員として、事務局からの進言に対して、どのように対応するかも大事である。積極的に情報提供を求め、意見交換し、よりよいあり方をともにめざすことが必要ではないかと思われる。

3　ときには議員だけの力ですべきこともある

　議会図書室は地方自治法に規定され、議員にとって重要な役割がある。一般の方にも利便性の高い議会棟の入り口近くに図書室を設けている三重県議会や、県立図書館との連携を図りつつ、会期中は議会図書室から飛び出してワゴンによる参考資料の提供をしている鳥取県議会など特筆される事例もあるが、特に市議会レベルではその資料費予算の確保も難しいところが多いのではないか。

　そこで、ぜひ標準装備にしてほしいのが、各自治体の大型事業などについて事業毎にまとめた資料ファイルである。ほんの一部の「マル秘資料」を除けば、議会への説明資料は市民に対して示された資料であり、その事業を検証する際に一番必要なものである。そこに関連する新聞記事の切り抜きなどが添えられていたらベストである。（新人）議員がその資料を駆使して質問できる状況を作ることも、議会事務局に求めたいと思う。そのような資料ファイルが、議会図書室はもとより、公共図書館にも共有されることが一番望ましい姿ではないだろうか。

　一方で、議会だよりに関する事務局職員のかかわりについても、議会ごとに大きな差があるようだ。筆者が議員になる前から、公的な議会だよりの発行を望んでいたため、「なぜ当市議会では発行されていないのか？」と事務局職員に尋ねてみたが、その回答は驚くべきものであった。

　「あちこちの状況を調べてみてください。『議会だより』と名がついて

いても、実は『議会事務局だより』に成り下がっているところが多いと思います。本気で取り組むなら、その『覚悟』が必要ですよ……」と。その後、しばらくの準備期間を経て、どうにか発行にこぎつけ、現在36号（本原稿執筆現在）を数える。

　その準備の段階で、比較的新しく発行された県内の議会を訪問した際に「議員だけの力で発行することを誇りにして頑張ってください」とのメッセージを議長からいただいた。そこで、私たちが事務局職員に依頼するのは、すでに職員のパソコンに保有している議会日程と一般質問通告表のデータを貰うことと、議員からの原稿の受け取り程度である。

　議会だよりの視察をお受けしたときには、議員だけで作成していることについての質問が多いが、「議会だよりに関して、事務局職員に『頭脳を使うこと』はさせません。それは、彼らを信頼していないからではなく、万一間違いがあった場合に、責任が及ぶのを避けるためです」とお答えしてきた。

　議員のみでの発行が当たり前となった今、むしろ、中途半端な状態で発行しなくて良かったとさえ感じている。当初は、議会開催月の翌々月15日に発行していたが、1日でも早く市民にお届けしたいとの思いから、翌々月1日となり、現在では翌月15日発行。選挙年の3月議会号は、選挙期間直前の4月15日に配布される。

4 議会改革は事務局の力なしでは成功しない

　議会改革を進めるに当たり、他の議会の状況を知ることから始める必要があり、特に事務局職員の役割は看過できないものがあると感じて筆者はこの研究会に参加し、大学の先生や、他の事務局職員との意見交換から多くの示唆と論点を得た。

　中でも素晴らしい改革を推進している議会では、議長等のリーダーシップに負う点が大きいことと同時に、事務局職員にもキーとなる方の存在があったことを知った。

　地方分権、二元代表制をきちんと機能させることが私たちに与えられ

た使命である。もとより、現在のシステムの中でも実現可能なことと、法改正などのシステム変更が必要なこととがあるが、議員、議会事務局職員問わず個々人ができることから取り組み、いずれは大きな改革へとつなげていきたいものである。

(文責:伊万里市議会議員　盛 泰子)

首長の不機嫌と議員の不可解

議会事務局に知ってもらいたい首長と議員の本音

　今から20年ほど前、筆者が国会議員の秘書時代、上京された首長さん達との懇談の中でよく話題に上っていたのは、議会批判であった。

　例えば、「首長と違って、議員は言いたい放題いって何も責任を取らなくていいのだから、気楽な商売だよ」「議会では厳しいことをいうくせに、頼み事のときだけは猫なで声になる。まったく無責任な連中だ」と、実質的には首長派が多数の、いわゆるオール与党状態でほぼ議会をコントロールしていると思われる豪腕のベテラン首長でさえ、そうした愚痴をこぼされたことには大変驚いたものである。

　確かに、毎日公務に忙殺された挙句に、3カ月に1度は定例会において批判にさらされるのだから、たまに陳情で上京したときぐらい、酒を飲みながら愚痴をこぼしたくなる気持ちは理解できないわけではない。

　実際に議員として活動をしてみると、確かに言いたい放題で、パフォーマンスのために首長批判をする議員の存在があるのも事実である。

　一方で、住民からの多様な意見や要望を少しでも実現しようと、日々奮闘しながら地道な活動を続けている議員の姿も多い。こうした議員達の間からは、「せっかく質問したのに役人が書いた答弁の棒読みでは暖簾に腕押しだ。首長が何を考えているのかまったく理解できない」「いつも同じ答弁で聞いても無駄だ」という不満や諦めが渦巻いている。

　結局、議会という場で繰り広げられる「予定調和」の世界と「事なかれ主義」の現実は、首長と議会という、直接選挙で選ばれた「代表」達の相互不信を増幅させる場となってしまっている。

　本来議会政治は、多様な意見や、様々な利害関係を調整し一定の結論を出していこうと努力するものである。意見の対立があろうとも、それを乗り越えるために議会はある。

　あるときには利害関係や意見が合致し、住民にとってスッキリとした結論が導き出されることもあれば、利害がぶつかってしまい、妥協の結果と

して住民にとっては玉虫色の結論になることもある。必ずしも白か黒か単純に結論が出る政治課題ばかりではなく、筆者の経験からもいわゆる「落としどころ」というグレーの結論に落ち着くことも多い。筆者達が普段議会で議論していることの大半はスッキリしないことばかりである。

そして、常に議会にシニカルな視線を向け続けるマス・メディアによって、こうしたスッキリしない結論を導き出した議会での結果は「玉虫色の決着」として報じられる。識論の過程はまったく知らされず、結果だけしか報じられないことから、住民は失望を抱き続ける。

寛容さとプロセスの公開こそが「改革」の出発点

こうした閉塞状況に、いわゆる「改革派」と称される人達が颯爽と登場し、歯切れのよいことをいい、行動をする。そこに閉塞感に満ちた住民は拍手喝采を送り一定の支持を与える。しかし、この拍手喝采も束の間、議会での議論を経ても結果を出せない「改革派」に対し住民は懐疑的になる。

そこで、「改革派」と称される人々が、支持を再び得るために最終的にとる手段は、誰かを悪者にすることで相対的に自らのプレゼンス（存在感）を高めようという試みである。そして「改革派」から「悪役」に仕立てられた議会（あるいは首長）とは相互信頼どころか感情的な対立へと発展していくのである。

こうしたことを繰り返していても、政策的な課題は一向に解決されないのである。なぜなら、意見の対立があったとしても、議論をする当事者同士が、お互いの立場に対する敬意や信頼関係がない中でどんなに議論しても、よい結果が導き出せるはずがないからである。

確かに議会という場が、「手続き」だけの民主主義を装い、セレモニーの場になってしまった状況が長年続いたために、住民の信頼を失った側面は大きい。

これは、首長も議員も十分に反省をしなければならない。だからといって、誰かを「悪者」にすることでは、抜本的な解決にはならないことを、ここ数年の政治状況で我々は十分過ぎるほど学んだはずである。

今の政治には、意見の対立があっても、他人の意見や主張をまずは十分に聴くという「寛容さ」が不足しているのではないか。そして、言いっぱなしで結論だけを急ぐのではなく、議論のプロセスを公開して住民からの

信頼を得るという、地道で骨の折れることを続けていかなければ、本質的な議会改革はできない。まさに「信頼なくして改革なし」だと筆者は思う。

(2014年2月)

いざ、市長になってみてわかったこと

　実は、前段までのコラムを書いたのは、まだ熊本県議時代であった。そして今、実際に議員から熊本市長となった。質問する側から答弁する側へと立場が変わった最初の印象は、誤解を恐れずにいえば「なるほど、私の質問はだいたいこのような感じで処理されていたのか……」ということである。

　つまり、首長側に立ってみると、一人で一生懸命資料を集めて質問原稿を書いていたころと違い、圧倒的な組織力によって多くの人々によって答弁が積み上げられており、当たり前の話ではあるが、そもそも立ち位置がまったく違うのである。

　そして、議会事務局から執行部に議員の質問意図が伝えられ、その過程の中で執行部の各担当部署の立場が盛り込まれて答弁として形成されていくのが一般的だと思われるが、恐らくこのプロセスにおいて、最初の議員の問題意識や質問の「温度」が徐々に伝わらなくなるのではないかと思われる。

　実際に市長として答弁について準備をしていると、議員の質問意図がどこにあるのか？　どのような背景でこの質問に至ったのか？　ということがよく見えなくなり、この答弁でいいのかどうか？　わからなくなることもある。

　その意味では、議員の質問には人によって手法にはバラつきがあるだろうが、その質問に至る背景や、真意、議員の熱意など、質問の「温度」ができるだけ冷めないよう、議員と首長が同じ「温度」で議論を交わすことができるようにするのが議会事務局の腕の見せどころではないかと思われる。

　この「温度差」が不機嫌や不可解を生み出す原因なのではないかというのが、首長になって1年目の率直な思いである。

(文責：熊本市長　大西一史)

第3部

政治制度の視角から見えてくる地方議会と議会事務局の役割

はじめに

本稿では、比較政治制度論の視角から日本の「地方議会」の現況について論ずると同時に、「地方議会」改革の方向性と議会事務局の役割についても考えてみたい[1]。

比較政治制度論とは、近年日本の政治学においてスタンダードとなりつつある分析手法の一つである。「比較政治学とは、複数の国家、地域ないし時代の政治について、適切な方法によって、事実認識および因果関係の解明を行う学問領域であ」り（建林・曽我・待鳥2008：26）、この比較政治学の中でも特に「制度[2]」を分析の対象とするのが「比較政治制度論」である。政治制度の観点から見たときの日本の「地方議会」や首長−議会関係がもつ特徴を明らかにするとともに、地方議会と議会事務局のありうべき方向性について論ずることが本稿の目的となる。

1 政治制度の視角から見えてくる「二元代表制」と「地方議会」

（1）「執政制度」の観点から見た「二元代表制」

改めて論ずるまでもないが、日本国憲法には第8章において地方自治に関する条文が置かれ、93条では地方公共団体の長（首長）と議会の議員の住民による直接選挙が規定されている。すなわちここに首長と議員（そして複数の議員から構成される議会）とがともに住民の直接的な代表性を有するとする、二元代表制の根拠を求めることができる。

ではこの二元代表制は、「比較政治制度論」の観点から論ずるとどのような特徴を見出すことができるだろうか。「比較政治制度論」が分析対象とするものの一つに「執政制度」がある。この「執政制度」とは、「民主主義の政治体制において行政部門の活動を統括する（中略）執政長官

---

1 本稿の主張は、辻個人によるものであり、必ずしも議会事務局研究会参加者の主張を代表したりまとめたりしたものではないことを、あらかじめ断っておく。
2 なお本稿では、「制度」を憲法や法律、条例など、公式（フォーマル）なものに限定して扱うこととする。

をどのように選出し、立法部門である議会や国民とどのような関係の下に置くかについての諸ルール」を意味する（建林・曽我・待鳥2008：104）。執政制度のうち代表的なものは「議院内閣制」と「大統領制」である。

この「議院内閣制」と「大統領制」とは、次の二つのメルクマールによって区別される。すなわち
（1）執政長官がどのようにして誰によって選ばれるのか、
（2）執政長官と議員とがそれぞれ固定された任期を有しているのかいないのか、

である（辻2005-06）。「議院内閣制」の場合には、執政長官（首相）は議会によって選出され、その任期は議会の信任に依存する。他方で、議員も、執政長官（首相）が議会に対して解散権を行使することにより、任期が満了する前にその身分を失うことがありうる。

それに対して、「大統領制」においては、執政長官（大統領）も議員もともに有権者の直接・間接選挙によって民主主義的に選ばれ、いったん選ばれた後は、執政長官（大統領）も議員も、いっぱんには固定任期を終えるまで解任されることはない。

さて、日本の首長と地方議会との関係、すなわち「二元代表制」は、この「執政制度」比較からすると、どのように位置付けることができるだろうか。まず、第一のメルクマール、すなわち執政長官がどのようにして誰によって選ばれるかについては、明らかに「大統領制」そのものの特徴をそのまま反映している。先述したように、首長も地方議会の議員も、住民の直接選挙によって選ばれるからである。

だが、第二のメルクマールについては留保が必要である。というのも、日本の二元代表制においては、地方自治法178条にあるように、議会が首長を不信任する権限を持つと同時に、首長が一度目の不信任議決を受けたときに議会を解散する権限があるからである。この点は明らかに「大統領制」の理念型（ideal type）からは外れるものではある。しかし、議会による首長不信任議決権にせよ、首長による議会解散権にせよ、その行使に至るまでには大きな制約がある。一つは、一度目の首長不信任議

決のために設定されている厳しい要件（3分の2以上が出席する議会において4分の3以上の賛成を必要とする）である（自治法178条3項）。もう一つは、首長による議会解散権は自らに対する不信任議決を受けた際にしか行使できないという点である。このように考えると、日本の「二元代表制」は、基本的には、首長もしくは議員は自主的に辞職しないかぎり、その固定任期をまっとうできる制度設計になっており、「議院内閣制」よりは「大統領制」により近い位置付けにあると考えるのが妥当だと筆者は考える。

（2）「二元代表制」における首長と議会の関係

それでは、日本の地方における「二元代表制」を「大統領制」の一つの範疇として見たときに、どのような特徴を見出すことができるであろうか。ラテンアメリカ各国の大統領制を比較したシュガートとメインウォリングの指標を用いて、それを明らかにしたい。

シュガートらは、大統領の議会に対する「強さ」を測定する一つの方法として各国の大統領の有する「憲法権限（constitutional power）」を比較の基準として定めている。これは、大統領が議会に対してどの程度大きな制度上の権限を有しているかを、「（包括）拒否権（veto）」、「部分拒否権（partial veto）[3]」、「大統領令制定権（decree）」、「排他的議案導入手続（exclusive introduction）」それぞれの権限の有無から明らかにしようとしたものである。いうまでもなく、これら権限が多く認められているほど、大統領が議会に対して制度上有利な立場にあることを意味する（Shugart and Mainwaring 1997）。

ここで、このシュガートらの「憲法権限」に関する指標を日本の「二元代表制」における首長と議会との関係に適用してみよう。日本の首長には「部分拒否権」は認められていないものの、「包括拒否権」としての再議権が認められている（自治法176条）。また、再議権行使を覆すだ

---

[3] 部分拒否権とは、法案の一部項目について大統領が発動する拒否権である。大統領がこの部分拒否権を行使できる場合、大統領はより柔軟に議会側が提案する法案に対応できることになり、結果として包括拒否権よりもより大きな権限を大統領が有することになる。

けの要件として、議会において出席議員の3分の2以上の（当初議決した案への）賛成が必要であるが、この要件もまたシュガートらが提示した指標からすると、大統領により強い権限を与えるものである。

また、「大統領令制定権」に近いものとしては、首長による専決処分（自治法179条）を挙げることができよう。専決処分は「ルール」そのものではないものの、その処分が（のちに議会によって不承認となっても）法的効果を伴うことからして、「大統領令制定権」と同様のものとして捉えることができる。そして、「排他的議案導入手続」に当たるものとして首長による予算調製権の独占を指摘することができる（自治法149条、97条2項、112条）。議会は、首長の予算調製権を脅かすような予算修正はできず、この点でもまた、日本の地方自治法は首長の権限をより強める形で規定している[4]。

このように見てくると、日本の「二元代表制」における首長の議会に対する「憲法権限」は、「大統領制」比較の観点からしても強いといわざるを得ないだろう[5]。

2 「二元代表制」の下での「地方議会」の機能強化

（1）アメリカ大統領制のあり方への純化

それでは、日本において地方議会がより大きな機能を果たすためにはどうすればよいであろうか。もちろん、現在の「二元代表制」を「議院内閣制」のような形に変更するという方向性もあろうが、これを実現するためには憲法改正が必要であり、非常に困難な仕事となるので、ここでは「二元代表制」における議会の権限強化のあり方について考えてみたい。

その一つの方策として考えられるのが、アメリカの大統領制のような

---

[4] なお、シュガートとケアリーは、予算案に関する権限として、議会に対して予算の修正権を認めないのか、それとも自由に修正させることを可能にしているのかによって、指標化している（Shugart and Carey 1992）。予算調製権の独占がもたらす首長の「憲法権限」の強さを、この「予算に関する権限」から判断することも可能だが、シュガートらが挙げた尺度には当てはまりがよくないため、本稿では「排他的議案導入手続」の観点から予算調製権の独占の意味を論じた。

[5] ここでの議論の詳細については、辻（2002）および辻（2005-06）、辻（2015）を参照のこと。

首長－議会関係をめざすというものである。アメリカの大統領制の何よりも大きな特徴とは、権力分立が徹底していることである。そしてアメリカの大統領の「憲法権限」はラテンアメリカ各国の大統領の有するそれと比べても、決して大きいとはいえない。大統領や閣僚に法案や予算案の提出権はなく、すべて連邦議会の権限となっている（合衆国憲法1条1節）。大統領は執行権を有し（同2条1項）、議会を通過した法律案に対して拒否権を発動できるものの（同1条7節）、先述したように法案や予算案の提出権を持たない。よって、大統領自身が現状の予算バランスや法体制を変更させようとするならば、どうしても議会（議員）の協力を仰がねばならないことになる[6]。

では、このアメリカ大統領制における執政長官－議会関係を日本の「二元代表制」に適用することが可能だろうか。この実現のためには非常に高いハードルが待ち構えている。まず、アメリカ大統領制のような首長－議会間の制度的関係を想定するならば、首長に、先述した予算調製権だけでなく、地方自治法149条に規定されている議案提出権も放棄させなければならないということになる。そのためには、国会において国会議員の賛成を得て地方自治法を改正せねばならない。また、議会が行政情報を入手し、それをもとに条例案や予算案を考案するためには、議員調査費や議員スタッフ、議会事務局のよりいっそうの充実と、それこそ議員数の増加が求められるが、多くの自治体が財政難の状態にあるなかでは、この方策もそう簡単に実施できるものではないだろう。

では、現行の地方自治法下で地方議会はどのようにしてその機能を発現すべきだろうか。

（2）現行地方自治法下における地方議会のあり方

現在、地方議員はどのようにしてその議員活動をアピールしているのだろうか。本書の複数の論説にもあるように、住民からの陳情や請願を

---

6 もっとも、大統領には、連邦議会に対して必要かつ適切と考える施策を審議するよう勧告する権限が与えられている（合衆国憲法2条3節）。

各議員が個別に処理することでその存在意義を誇っていることもあるかもしれない。しかしながら、日本国憲法や地方自治法が想定している状況とは、議員個人個人が機能することで、多様な利益によって構成される議会総体が能動的に活動し首長に対峙する状況をつくり出すことであるように、筆者には思われる。

そうであるとするならば、「議会」がその考えを政治的意思決定に反映させるためにはどうすればよいだろうか。ここでは、「政党／会派」という分析単位を持ち込むことによって、地方議会の首長への対峙のあり方を考えてみたい。すなわち、それぞれの議会における「政党／会派」化の進展および規律化の程度、首長与党／野党勢力の大小といった状況の違いを想定し、場合分けした上で、それぞれのパターンについての首長と議会との関係について考察する。

	一つの政党・会派が議会過半数を占める	一つの政党・会派が議会過半数を占めない
首長与党が過半数	(a)	(b)
首長野党が過半数	(c)	(d)

(ⅰ) 小規模自治体…「政党／会派」化や「政党／会派」の規律化が進んでいない場合

都道府県レベルの地方議会では、国政レベルにおける政党と同じ名前を付けた会派が成立している場合が多い一方、一般には人口規模が小さくなるほど国政レベルの政党の名前を持たない会派が増え、さらには会派そのものが結成されていないようである。日本の場合、政党／会派の規律化の程度は強い（いい換えると政党／会派としての方針が決まれば、その政党／会派に属する議員はすべてその決定に従って議案への賛否を示す傾向にある）。よって、「政党／会派」化が進んでいない場合や、国政レベルの政党につながるような会派化がなされていない場合、そして（珍しいかもしれないが）「政党／会派」の規律化がなされていないような場合には、「議員間討議」を行うことは、比較的容易ではないだろうか。「全員協議会」のような場でもいいし、また別に設けた議論の場でもよいだ

ろうが、いずれにせよ、「議会」全体としての意見をとりまとめ、首長に対峙する姿勢を打ち出すのが、「二元代表制」の下で「議会」が採りうる一つのあり方であるように思われる。

(ii) 中規模以上の自治体…「政党／会派」化および「政党／会派」の規律化が進んでいる場合

　地方議会において「政党／会派」化が進んでいる場合、さらには政党規律も強い場合について検討する。ここでは、首長を支える与党が過半数を占めている場合と占めていない場合、そして議会過半数を一つの「政党／会派」が占めている場合と占めていない場合の四つのパターンに分けて考えてみたい。

(a) 一つの政党／会派が首長与党として議会過半数を占める場合

　この場合は、首長与党となっているこの「政党／会派」の一存で、議会としての議案に対する賛否が決定されるといってよい。よって、それ以外の会派に属する議員が、いかにしてこの首長与党・会派と話し合いを持つかが重要になる。「議会」総体として首長と向かい合うためには、過半数を占める「政党／会派」を中心とした会派間協議が必要になるであろう。

(b) 首長与党が過半数を占めるが一つの政党／会派が過半数を占めない場合

　このときこそ、議員間協議もしくは会派間協議の重要性が高まるといえよう。1980年代以降に多数見られるようになった「相乗り」状況（複数の政党が一人の候補を首長選挙において支援する状況）においては、首長に各「政党／会派」がぶら下がることになり、それぞれ会派ごとに要求を首長に伝えるという状況であったが、これでは「議会」総体として首長に対峙することができない状況となる。そこで、会派間協議を活発化させ、首長の施政方針に対する「議会」としての考え方を提示するというあり方が求められるのではないだろうか。

(c) 一つの政党／会派が首長野党として議会過半数を占める場合

　一つの大きな政党／会派が首長野党として議会過半数を占める場合、首長提出議案はそう簡単には議会を通過しないと予想される。いうまでもなく、議会に否決されることを見越して、首長側が野党会派の反発するような議案を提出しないというケースも想定しうるが、それでも予算案のようにどうしても通過させないといけない議案もあるだろう。そのときには、勢力としては小さくても、与党会派（やその他の会派）が首長との橋渡しをすれば、日本国憲法や地方自治法が想定するような「二元代表制」の良さが活かされるのではないだろうか。本書にもあるように、首長と議会とは、お互いにしのぎを削りながら、より良いと思われる地方自治の形を模索し協議することが肝要だからである。

(d) 首長野党が過半数を占めるが一つの政党／会派が過半数を占めない場合

　これは、首長野党を標榜する会派が複数存在し、これらを合算すると議会の過半数に届くという状況である。このときには、首長は、自らが提出した議案を通過させるために、各野党会派との交渉を行うことになるだろう。よって、議会の多数派から見てその提案が飲めるものであれば、首長与党会派と一部首長野党会派とがその提案に賛成すればよいし、そうでない場合には、少なくとも首長野党会派同士で協議を行い、首長が提案した内容のどこに問題があり、どのように直すべきかを提示するというのがあるべき方向性ではないかと思われる。いずれにせよ、政策（議案）ごとの会派間の協議が重要となる。

図 「議会の会派構成による首長――議会関係の類型化（筆者作成）」

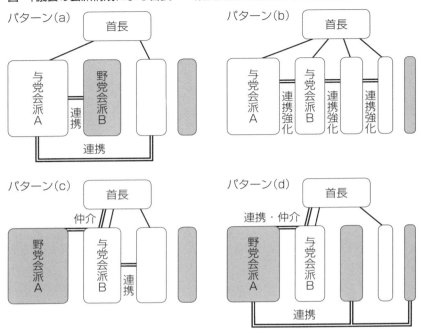

　以上の四つのパターンについて、概念図を示しておいた。首長と議会の政党／会派は上下関係にあるものではないが、ここで筆者が示したかったのは、いずれの場合においても、「議会」としての意思を示して首長と対峙するためには、政党／会派間の連携が何よりも重要であるということである。国政レベルの政党を基礎として結成された会派の場合には、政党中央レベルの指示により、なかなか他会派と協議することが許されない場合もあると聞くが、それでも、「二元代表制」は、「議院内閣制」と根本的に制度配置が異なり、たとえ議会多数派を占めたとしてもその政党／会派が執政長官（首長）をその意のままに動かすことが困難な制度設計となっている以上、政党／会派間の連携を密にし、「議会」総体としての考え方を明らかにする以外に方策はないと考えられるのである。

おわりに―議会事務局に求められる役割―

　議会には、効率性と開放性が求められる。効率性とは、一定の時間的制約の中で重要議案を取捨選択し、それに関する政策決定を行うことである。他方、開放性とは、政策決定に至るまでに充分な時間をとり少数派にも意見開陳の機会を与えることである。しかし、この効率性と開放性とはトレードオフの関係にあり、どのようにしてバランスをとるかは大きな問題となる（建林・曽我・待鳥2008：chp.6）。

　筆者は、効率性を考えると、ある程度規模の大きな議会においては「政党／会派」はあってしかるべきだと考えている。もし「政党／会派」がなければ、議案の成否の可能性が見えなくなり、住民が求める政策の執行に必要な議案の成立に結びつかなくなるからである。もちろん、これら「政党／会派」は政策集団であるべきだと考える。つまり、単なる数合わせのための集団ではなく、一定程度一致した考えを持って一丸となって行動する主体であってほしいと考えている。そうでないと、「政党／会派」は「効率性」を果たすべき存在とならないからである。

　ただ、だからといって効率性のみが求められるべきでもないだろう。少数派の意見も広く採り入れた上で、可能な限り「議会」総体としてまとまった意思統一を図り、首長そして住民に対して積極的に、「議会」としての立場をアピールすべきではないだろうか。

　このときに重要になってくるのが議会事務局である。議会事務局は、首長部局からも（形の上では）独立し、また個々の政党／会派とも一体化し得ない存在である。つまり、議会事務局は、議長や副議長と並び、首長からも各政党／会派からも一定の距離を保って中立的に行動しうるアクターである。確かに、民主主義的正当性を考えると、住民によって選ばれた議員が、事務局よりも住民の代表性を有している。とはいえ、事務局には、各議員や政党／会派の立場からも自由に活動しうる余地がある。よって、この議会事務局が、各議員もしくは政党／会派というよりも、「議会」そのものをサポートする役目を負うことの意味合いは、非常に大きいといえよう。

〈参考文献〉

建林正彦・曽我謙悟・待鳥聡史、2008『比較政治制度論』有斐閣アルマ

辻陽、2002「日本の地方自治制度における首長と議会との関係についての一考察」『法学論叢』第151巻第6号・第152巻第2号

辻陽、2005-06「大統領制比較のための視座」『法学論叢』第158巻第2号・第3号・第4号

辻陽、2015『戦後日本地方政治史論－二元代表制の立体的分析』木鐸社

Shugart, Matthew Soberg and John M. Carey, 1992, *Presidents and Assemblies : Constitutional Design and Electoral Dynamics*, Cambridge University Press.

Shugart, Matthew Soberg and Scott Mainwaring, 1997, "Presidentialism and Democracy in Latin America : Rethinking the Terms of the Debate" in Scott Mainwaring and Matthew Soberg Shugart eds., *Presidentialism and Democracy in Latin America*, Cambridge University Press, 12-54

あとがき

　私が大学院で院生生活を送っていたときの同期が、たまたま駒林良則先生と当時同僚の間柄にあったことがきっかけで、先生から『地方議会の法構造』（成文堂、2006年）をご恵贈いただいた。これがご縁となって議会事務局研究会の一員に加わることとなったが、私にとって当会は、地方自治の現場に立ち向かっている人々にお目にかかる、初めての場であった。そして、様々な新しい知識を授けていただく貴重な機会を得ることができた。

　議会事務局職員からお話を伺い、また私自身が複数の市議会にかかわらせていただいた経験から、最近気になっているのは、一口に議会といっても大規模な議会から少人数の議会まで、その構成は様々であり、議会事務局体制も自治体によって大きく異なることである。府県や政令指定都市レベルでは、議員定数が30人を超え、議会事務局職員の数も二桁に届く。そのような自治体議会においては、議会事務局職員も、総務課・議事課・調査課それぞれに専門分化することが可能である。議事運営方式に詳しい職員も生まれれば、条例化に必要な法的知識に富んだ職員も養成されることになる。

　だが、これが小規模自治体になると、そうはいかない。議会事務局職員には、総務にも議事にも法務にも通じたマルチな能力が求められることとなる。もっとも、一人の人間が抱えることができる仕事量には当然限界があり、大規模自治体のようにすべてを一議会事務局内で処理することが難しいこともあるだろう。そのような場合には、第2部第1章で髙沖共同代表や谷畑会員が述べたように、調査課等の共同設置により法務・政務調査機能を分担する体制を整えればよい、いや整えるべきではないか。そのような、まさに「現場」から見えてきた様々な課題やそれを解決するための方策を議論する場が、この「議会事務局研究会」であり、ここでの議論の内容が書物として結実したことをたいへん喜ばしく思う。

　当会には、府県レベルから町村レベルまで、様々な規模の議会に携わ

る、議会事務局職員（元職も含む）、議員、首長、有識者が参加している。そして、それぞれが得意とする視点から、それこそ地位や身分にとらわれず自由闊達に議論することによって、新たな発見や知恵が生まれた。本書をお読みになって興味を抱かれたあなたも是非、議会事務局研究会が主催するシンポジウムに足を運んでいただけないだろうか。そして、議会事務局研究会の一員となって、ご自身の所属される議会について学ぶ機会を与えてくださらないだろうか。

　研究会共同代表として、皆様のご参加を心よりお待ち申し上げる。

　　　　　　　　　　　　　　　　　　　　議会事務局研究会共同代表
　　　　　　　　　　　　　　　　　　　　　　辻　　陽

編集後記

　この本の第１部は、議会事務局研究会の会員12名が、2014年10月〜2015年３月の間、日経グローカルに連載させていただいた『議会改革の現場から』をテーマに沿って再編したものである。

　また、第２部は、議会事務局研究会が発足して以来、それまでの研究会活動の一つのまとめの意味で2011年３月に発刊した『議会事務局新時代の幕開け』（議会事務局研究会最終報告書）を大幅に編集し直した上で再編したものである。

　御承知のように、議会事務局研究会は、2009年３月に立命館大学の駒林良則教授の提唱に応じた関西を中心とする議会事務局関係者が集まり研究会を発足させたものである。地方議会改革が叫ばれる中、議会事務局はどうあるべきかを実務面から探るために、議会事務局のあり方に関心を持つ者が集まったのであるが、現在では、議会事務局職員（OBを含む。）だけでなく、県議会・市町議会議員や学識経験者、そして首長まで含めて、北は北海道から南は九州に至るまで総勢50名以上の大所帯となって活動を続けている。

　また、議会事務局研究会の活動については、幸いにも学識者も注目していただいており、例えば、東京大学法学部の宇賀克也教授は『地方自治法概説（第６版）』（有斐閣、266頁）で『議会事務局のあり方について多面的に検討したものとして、議会事務局研究会最終報告書「議会事務局新時代の幕開け」（2011年３月）（研究代表：駒林良則立命館大学法学部教授）参照。』と記していただき、また、山梨学院大学法学部の江藤俊昭教授は『地方議会改革』（学陽書房、初版144頁）で「議会事務局職員のネットワーク組織（議会事務局研究会）が設立された」と記述され、「議会事務局を充実させる制度改革を推進することは、地域民主主義にとって不可欠である。」と記述いただいている状況である。

　議会改革を巡るこのような状況の中、今回、出版に当たっては、日経グローカルの連載を企画していただいた日本経済新聞社の井上明彦氏、

また、コラム欄に『自治日報』記事の転載を了解いただいた（株）自治日報社編集部の内川正浩氏、そして一冊の本にまとめることに御尽力いただいた学陽書房の宮川純一氏に議会事務局研究会を代表して御礼申し上げる。特に、宮川純一氏の御尽力がなかったら、この本は陽の目を見ることはなかった。謹んで謝辞を申し上げたい。

議会事務局研究会共同代表
髙沖秀宣
（三重県地方自治研究センター上席研究員）

【問い合わせ先】

　議会事務局研究会のことについてはこちらまで

　　　研究代表　　駒林　良則（こまばやし　よしのり）立命館大学法学部教授

　　　　　　　　　e-mail：ykt25105@fc.ritsumei.ac.jp

　　　共同代表　　辻　陽（つじ　あきら）近畿大学法学部教授

　　　共同代表　　髙沖　秀宣（たかおき　ひでのぶ）三重県地方自治研究センター上席研究員

《初出（執筆者）一覧》

※題名・所属名等、発表原稿当時のまま掲載しているが、一部に変更のあることをお断りする。

第1部　先進事例でわかる！議会事務局の仕事と役割

（『日経グローカル』253－264号（2014年10月6日―2015年3月16日））

1　議員と事務局、改革マインド共有を
　　（2015年3月16日、立命館大学法学部教授　駒林良則）

2　議員・事務局の気付き促すプロセス
　　（2014年12月1日、宇陀市議会議員・勝井太郎）

3　審議充実へ法務支援の増強を
　　（2014年10月20日、北海道月形町議会議員・宮下裕美子）

4　事務局「どうすればできるか」の発想で
　　（2014年11月3日、京都市廃棄物指導課長・福井弘）

5　意思決定プロセス公開に努める
　　（2014年11月17日、神戸市会事務局長・梅村晋一）

6　政務活動費充実で予算案の精査を
　　（2015年2月2日、近畿大学法学部准教授・辻陽）

7　公立図書館と連携し立案能力向上を
　　（2015年1月19日、国立国会図書館関西館総務課課長補佐・渡邉斉志）

8　機動的かつ機能的な委員会活動を
　　（2015年2月16日、和泉市市長公室危機管理担当主査・奥山高起）

9　脱却せよ「先例・標準・横並び」
　　（2015年1月7日、大津市議会事務局議会総務課長・清水克士）

10　統一選後、改革レベル引き上げを
　　（2015年3月2日、三重県地方自治研究センター上席研究員・髙沖秀宣）

11　議会と首長の適度な距離感とは
　　（2014年12月15日、湖南市長・谷畑英吾）

事例研究　長崎通年議会の廃止、県民不在では
　　（2014年10月6日、長崎県議会議員・山田朋子）

第2部　ここまでできる　議会事務局の役割
　1〜11まで
　　　（『議会事務局新時代の幕開け』（議会事務局研究会最終報告書）（2011年3月）の再掲載）※研究会員が分担して執筆
　　第一編　「議会事務局改革に向けて」
　　第Ⅰ章　議会事務局改革総論
　　第Ⅱ章　事務局体制の強化
　　　1　議会改革と議会事務局の役割
　　　2　議会事務局職員の人事
　　　3　議会事務局の予算
　　　4　議会事務局と執行部局
　　　5　住民と議会との連携における議会事務局の役割
　　　6　議会事務局職員の意識改革・仕事のやりがい
　　第Ⅲ章　議会改革時代の議会事務局のミッション
　　　　　　（福岡市議会事務局次長・吉村慎一）
　12・13
　　　（上記報告書）
　　第二編「議員から見た議会事務局」
　　第Ⅰ章　市民と議会をつなぐ議会事務局
　　　　　　（吹田市議会議員・いけぶち佐知子）
　　第Ⅱ章「車の両輪」としての議会事務局に望むもの
　　　　　　（伊万里市議会議員・盛泰子）
　column1　住民のための議会事務局
　　　　　　（『自治日報』2014年11月14日、長崎県長与町議会事務局　議事係長・木須美樹）
　column2　議会事務局への異動は最大のチャンス
　　　　　　（『自治日報』2014年5月23日、元福岡市議会事務局・吉村慎一）
　column3　首長の不機嫌と議員の不可解
　　　　　　（『自治日報』2014年2月14日、熊本県議会議員・大西一史）

第3部　政治制度の視角から見えてくる地方議会と議会事務局の役割
　　　　　（近畿大学法学部教授・辻陽）

編著者紹介

髙沖秀宣（たかおきひでのぶ）［第 1 部第 3 章 10、第 2 部第 1 章 3・4 執筆］
1953 年三重県生まれ
三重県地方自治研究センター上席研究員、議会事務局研究会共同代表
関心領域：自治体議会学
最終学歴：京都大学法学部
著　書
『「二元代表制」に惹かれて』（公人の友社、2013 年）
社会活動
松阪市議会改革特別委員会アドバイザー（2011 年 6 月〜 2014 年 3 月）、同市議会議員定数のあり方調査会委員（2016 年 5 月 6 日〜）

著者紹介

議会事務局研究会

　議会事務局研究会は、自治体議会改革を支える条件整備として、議会事務局の体制強化が不可欠であることから、議会事務局はどうあるべきかを実務面から探るために、駒林良則・立命館大学教授の呼びかけに議会事務局に関心を持つ者が集まり、2009 年 3 月に発足した。
　共同代表は、駒林良則、辻陽・近畿大学教授、髙沖秀宣・三重県地方自治研究センター上席研究員の 3 人で、江藤俊昭・山梨学院大学教授と土山希美枝・龍谷大学教授が学識会員である。
　本書における執筆者は以下の通りである。

池渕佐知子（いけぶちさちこ）（吹田市議会議員）
梅村　晋一（うめむらしんいち）（神戸市職員）
大西　一史（おおにしかずふみ）（熊本市長）
奥山　髙起（おくやまこうき）（和泉市職員）
勝井　太郎（かついたろう）（宇陀市議会議員）
木須　美樹（きすみき）（長崎県長与町職員）
駒林　良則（こまばやしよしのり）（立命館大学教授）
清水　克士（しみずかつし）（大津市職員）
髙沖　秀宣（たかおきひでのぶ）（三重県地方自治研究センター上席研究員）
谷畑　英吾（たにはたえいご）（湖南市長）
辻　　　陽（つじあきら）（近畿大学教授）
福井　　弘（ふくいひろむ）（京都市職員）
宮下裕美子（みやしたゆみこ）（北海道月形町議会議員）
盛　　泰子（もりやすこ）（伊万里市議会議員）
山田　朋子（やまだともこ）（長崎県議会議員）
吉村　慎一（よしむらしんいち）（元福岡市職員）
渡邉　斉志（わたなべただし）（国立国会図書館）

先進事例でよくわかる
議会事務局はここまでできる！

平成28年6月23日　初版発行
平成29年4月5日　2刷発行

編著者　髙沖　秀宣（たかおき ひでのぶ）

著　書　議会事務局研究会（ぎかいじむきょくけんきゅうかい）

発行者　佐久間　重嘉

学陽書房

〒102-0072　東京都千代田区飯田橋1-9-3
営業（電話）03-3261-1111（代）
（FAX）03-5211-3300
編集（電話）03-3261-1112（代）
振替　00170-4-84240
http://www.gakuyo.co.jp/

©2016 Hidenobu Takaoki, Printed in Japan
装幀　佐藤　博
DTP制作／ニシ工芸　印刷・製本／三省堂印刷
ISBN978-4-313-18052-9　C2031
乱丁・落丁本は、送料小社負担にてお取り替え致します。

図解 よくわかる
地方議会のしくみ

武田　正孝〈著〉　　定価＝本体2200円＋税

地方議会のしくみをイラスト図解でやさしく解説した入門書。
議会制度、議会の権限、議会と長の関係、会議の議事運営、委員会制度、議会改革などを網羅。
自治体職員、地方議員、市民が知りたいポイントが一目でわかる！

地方議会の12か月
1年の流れがわかる仕事のポイント

尾崎　善造〈著〉　　定価＝本体2700円＋税

知っているようで実はよくわからないのが議会の仕事と役割について、1年の流れの中で順序立てて、わかりやすく解説した画期的な本。議会事務局が行っている事務と議員が議会に臨むに当たっての基礎知識、議員と議会事務局との関係がわかる！

明快！ 地方自治のすがた

山口　道昭〈編著〉　出石　稔〈著〉

定価＝本体2700円＋税

自治法体系と自治制度を主軸に据えながら、公務員制度、自治体経営、自治制度改革といった変化の激しい自治の動きについてを詳解。平成26年公布の自治法・公務員法・行政不服審査法・行政手続法の改正による新制度に対応。

はじめて学ぶ
地方自治法〈第1次改訂版〉

吉田　勉〈著〉　　定価＝本体2000円＋税

初学者が読めるように、地方自治法を必要最小限の内容に収めた最も頁数の少ない自治法入門！地方自治法のポイントを92項目に整理。各項目は見開きを基本として、複雑な制度や数値は図表で整理しているので、誰でも容易に自治法の全体像がつかめる。

Q&A 地方議会改革の最前線

江藤　俊昭 編著／
自治体学会議員研究ネットワーク 著

定価＝本体 2300 円＋税

◎全国の自治体議会で着々と進みつつある「議会改革」のすべてがわかる！
◎日々奮闘する議会人達が、現場の取組みからつかんだ改革推進のポイントを詳解。改革持続のための実践のコツ、自治体事例、課題と対応を明らかにする！

自治体の議会事務局職員になったら読む本

香川　純一・野村　憲一 著

定価＝本体 2500 円＋税

◎執行機関とは異なる議会事務局で求められる作法（議員と事務局の役割分担）から、本会議・委員会の進め方、審議における問題解決、調査・庶務のポイントなどをわかりやすく解説。
◎プロフェッショナルになるためのノウハウが凝縮！

地方議会の政務活動費

勢籏　了三 著　　定価＝本体 3800 円＋税

◎政務活動費の制度のしくみ、課題、適正執行に向けた地方議会側の取組みをまとめた議会・議会事務局の必備書。
◎後半では政務活動費（政務調査費）を争点とした膨大な判例のなかから、制度運営に役立つものを厳選して掲載した。